ser UM entre
BILHÕES

José Fernandes de Oliveira

Pe. Zezinho, scj

ser UM entre BILHÕES

Leituras de alter-ajuda
A mística dos últimos lugares

Paulinas

Dados Internacionais de Catalogação na Publicação (CIP)
(Câmara Brasileira do Livro, SP, Brasil)

Oliveira, José Fernandes de
　　Ser um entre bilhões : leituras de alter-ajuda – : a mística dos últimos lugares / José Fernandes de Oliveira (Padre Zezinho). – São Paulo : Paulinas, 2012. – (Coleção catequistas e aprendiz)

Bibliografia.
ISBN 978-85-356-3289-7

1. Antropologia filosófica 2. Comportamento humano 3. Consciência 4. Ego (Psicologia) 5. Egoísmo 6. Ética cristã 7. Humanismo religioso 8. Individualismo (Psicologia) 9. Personalismo 10. Relações humanas 11. Seres humanos I. Título. II. Série.

12-09950　　　　　　　　　　　　　　　　　　　　　　　CDD-261.7

Índice para catálogo sistemático:
1. Cristianismo : Abordagem humanista : Teologia social　261.7

Direção-geral: *Bernadete Boff*
Editora responsável: *Maria Goretti de Oliveira*
Copidesque: *Mônica Elaine G. S. da Costa*
Coordenação de revisão: *Marina Mendonça*
Revisão: *Equipe editorial*
Gerente de produção: *Felício Calegaro Neto*
Assistente de arte: *Ana Karina Rodrigues Caetano*
Projeto gráfico: *Manuel Rebelato Miramontes*
Capa e diagramação: *Telma Custódio*

1ª edição – 2012
1ª reimpressão – 2013

Nenhuma parte desta obra poderá ser reproduzida ou transmitida por qualquer forma e/ou quaisquer meios (eletrônico ou mecânico, incluindo fotocópia e gravação) ou arquivada em qualquer sistema ou banco de dados sem permissão escrita da Editora. Direitos reservados.

Paulinas
Rua Dona Inácia Uchoa, 62
04110-020 – São Paulo – SP (Brasil)
Tel.: (11) 2125-3500
http://www.paulinas.org.br – editora@paulinas.com.br
Telemarketing e SAC: 0800-7010081

© Pia Sociedade Filhas de São Paulo – São Paulo, 2012

*Por não saberem ser um entre bilhões,
por não admitirem ser segundos ou vigésimos,
por terem abraçado radicalmente a filosofia e a teologia da eleição,
por terem se proclamado vencedores e vitoriosos,
perseguidores do primeiro lugar, milhões de homens e mulheres,
ditadores, líderes sindicais, reis, rainhas, fundadores e líderes
de igrejas, bandidos, assaltantes, rebeldes, revolucionários,
guerrilheiros, políticos, mataram ou mandaram matar.*

*Todos eles e seus seguidores acharam suas explicações.
"Não havia outro jeito, foi preciso pelo bem da revolução,
foi para salvar a democracia, foi para salvar o país,
eram eles ou nós...".*

*A mística do primeiro lugar talvez não seja mística!
A mística do segundo ou último tem mais chance
de ser mística. Prestará um serviço à humanidade
aquele que desmistificar a luta pelos primeiros
lugares. O que deveria ser mérito, quase nunca é...*

Você não é "o cara". Nunca foi nem nunca será. Mesmo que o marketing dos amigos e admiradores o proclamem o melhor, o único, o maior, você continuará sendo importante, mas apenas um entre bilhões. Houve, há e haverá pessoas melhores e mais talentosas do que você.

Você é "um dos caras" e "uma das caras" que fazem a diferença neste planeta, mas não é "o". É "um dos"... Contente-se com isso!

Antes de você havia vida e valores, depois de você virá gente tão boa quanto, ou melhor do que você. Pode apostar nisso!

Se não quiser tornar-se um personagem histérico, ridículo, habitue-se com a expressão "um dos caras e uma das caras". É melhor do que a expressão "o cara". Esboce um sorriso de perdão diante de quem o proclama "o maior". Você não é nem mesmo o maior pecador da região ou do mundo.

Todos os povos que seguiram "o cara" e todos os caras que acreditaram ser "o cara" acabaram quebrando a cara! Se quer mesmo ser feliz, ache o seu lugar, que provavelmente não será nem o primeiro nem o último.

E, se algum dia for o primeiro, seja quem mais serve (Jo 13,14); se for o último, assim mesmo saiba do seu valor (1Cor 15,9). Entre os cristãos a questão não é a de subir ao pódio, nem de chegar primeiro, mas de jogar limpo e dar o melhor de si. Entre nós, vence quem joga limpo...

Comecei este livro e escrevi estas linhas por constatar que a histeria do carreirismo, do sucesso e do pódio tem desequilibrado milhares de pessoas. Não há nada de errado em ser o primeiro. O perigo está em achar que ser o primeiro é ser o melhor. Não é!...

Ser um entre bilhões

1. Os primeiros lugares

Muitos primeiros serão os últimos, e muitos últimos serão os primeiros (Mt 19,30).

E, aproximando-se a noite, diz o senhor da vinha ao seu mordomo: "Chama os trabalhadores, e paga-lhes a diária, começando pelos últimos, até os primeiros!" (Mt 20,8).

A Igreja me ensinou. O que passo a ensinar, aprendi nos bancos e livros da Igreja Católica. Igreja controvertida pelas posições que toma com relação à pessoa humana e seus relacionamentos, ela tem doutrinas sobre primeiro e último, vigésimo e centésimo, perder e vencer, sobre cruz e ressurreição, sobre vida e morte, prazer e dor, graça e correspondência, indivíduo e coletividade, egoísmo e alteridade; sobre o outro e sobre o eu de cada ser humano; doutrinas que nem sempre agradam a alguns de seus filhos e menos ainda aos seus críticos.

O mundo adora olhar para o centro do pódio, para as mãos que seguram troféus e para aqueles sobre quem pairam os holofotes. É lá que ele escolhe seus novos ídolos e seus semideuses. Para os padrões do mundo o segundo não é um vencedor. De tal maneira acentua-se "o" vencedor que, abaixo ou depois dele, todo mundo é perdedor. A falsa mística do pódio tornou-se cultura e é tamanha a sua força que até igrejas cristãs a ela aderiram. No discurso de muitos pregadores da mídia, vencer com Jesus é chegar aos primeiros postos na firma e alcançar sucesso financeiro. O discurso da alteridade parece vir depois... Lembram os avisos de avião: em caso de despressurização ponha primeiro a máscara em si mesmo e só depois nas crianças. O discurso parece lógico, mas ignora que um adulto sabe resistir à falta de ar por muito mais tempo do que uma criança... Primeiro eu? Por quê?

***

O catecismo dos católicos. Num mundo no qual histericamente milhões de homens e mulheres procuram os primeiros lugares e as benesses do vencedor; no qual se ensina adolescentes e jovens a competirem para subir ao pódio e a jamais se conformarem com segundos e terceiros lugares, *porque não querer a vitória soa como mediocridade*; neste mundo cheio de pódios e prêmios, aparecem alguns discípulos de Jesus, daqueles que Nietzsche[1] e Hitchens[2] ridicularizam. E não é que em pleno século XXI estes crentes perdedores ousam afirmar que alguém pode ser feliz e ser pessoa plena, mesmo sendo o último da fila?

Os católicos fiéis ao projeto humanista da sua Igreja ensinam que mesmo não sendo "o" vencedor, será um vencedor quem não tiver desistido da maratona. Seguem outro discípulo de Jesus, chamado Paulo de Tarso, que chega ao fim da vida dizendo que perdeu, mas venceu; que a cruz de Jesus foi vitória (Gl 6,14) que o que para um pagão foi escândalo para um cristão foi glória (1Cor 1,18); que fez uma boa luta, mas não diz se derrotou alguém; chegou ao fim da maratona, mas não diz se chegou em primeiro (2Tm 4,7); e garante que se daria por feliz se de todo o seu trabalho de missionário resultassem apenas algumas conversões para Cristo (Rm 11,14). E este Paulo se atreve a dizer que em tudo isso alguém pode ser mais do que vencedor em Cristo... (Rm 8,37).

As sociedades, quase todas elas, põem o vencedor por cima e o perdedor por baixo. Não entenderam nem jamais entenderão

---

[1] Friedrich Nietzsche, famoso questionador do cristianismo, autor de *O Anticristo*, entre outros livros.

[2] Christopher Hitchens, conhecido questionador da religião e autor de *Deus não é grande* e *Hitch-22*, entre outros livros.

que quanto maior é a cruz, mais alto os algozes elevam sua vítima... O crucificado passa a vê-los abaixo dele... É o torturador que se inferioriza. Se há um tipo de vencedor que incomoda um mundo governado pelo deus Mercado é o vencedor que chegou em último lugar e se nega a consumir e a ser consumido... É visto como sujeito estéril e improdutivo. É inadmissível que um ser humano não queira ser vitorioso... Mas o que, precisamente, é ser vitorioso? Grande número de famosos, ricos, poderosos e vencedores morreu de tristeza, de overdose, ou de violência! Sócrates, Jesus, Mahatma Gandhi, Luther King perderam, mas quem os derrotou perdeu muito mais do que eles!

O livro chamado CIC, *Catecismo da Igreja Católica*, é uma tentativa de ensinar os que congregam na milenar Igreja Católica Apostólica Romana a incluir e a excluir, incluir-se e excluir-se. Depende no quê e do quê. Ao fim de uma vida, se tivermos aprendido a arte de pertencer, ligar e desligar de maneira certa, teremos justificado nossa passagem pelo tempo que chamamos nosso. Viver é como habitar um quarto claro-escuro e, às vezes, precisar do *clic* da tomada para não ficarmos cegos, quando o sol vai ao ocaso.

***

Outras ênfases. Autores outros em outros livros usarão de ênfases outras e oferecerão três, dez ou vinte respostas capazes de mudar sua vida. Sábios da era pré-socrática também falavam da *arché* sobre a qual girava a existência: *a água*, o apeíron (ilimitado), *o ar e o fogo*. Ofereciam respostas. Se não estavam certos, pelo menos ajudaram a pensar e a buscar sentidos e porquês. Em pouco tempo se percebeu que a vida exige mais do que receitas práticas e piedosos conselhos. É um novelo embaraçado que precisa ser destrinchado pelo indivíduo, na maioria das vezes com a ajuda de outros. É desse novelo e dessa ajuda que meu livro se ocupará.

***

A maior de todas as ênfases. Não há cristão que não tenha ouvido que a maior das ênfases é o amor. Amar a Deus acima de todos os amores, eis a ênfase dos cristãos, que é também a dos nossos antecessores na fé, os judeus. Jesus, porém, acrescenta outra ênfase e diz que esta é semelhante à maior de todas as ênfases: *Amar os outros como amamos a nós mesmos.* Ele não diz que devemos amar a Deus como amamos a nós mesmos. Somos chamados a amar a Deus mais do que a nós mesmos e mais do que tudo. Mas, no caso do amor ao próximo, Jesus afirma que devemos amar os outros como nos amamos; nem menos, nem mais. Não nos podemos anular em nome de um amor errado. Devemos nos valorizar e valorizar a pessoa amada. Mas não podemos inferiorizar as pessoas e amá-las menos, só porque são de outra cor, outra raça, outra religião. É claro que devemos amar mais a nossa família, e haverá casos em que o amor pelos pais ou filhos colocarão a pessoa amada em primeiro lugar: é o caso do filho enfermo ou do avô com grave problema de saúde.

Num todo, vigore a lei da paridade. Eu me amo e amo os outros como eu me amo. O que puder fazer por eles eu farei. Mesmo que esteja acima por alguma razão, agirei como Jesus que lavou os pés de quem era por ele liderado. A função do líder não é mandar como tirano, e, sim, liderar pelo exemplo. Nem sempre o líder será amado, mas o líder deverá amar, sempre! Para isso é líder!

Alteridade. Nutro a convicção de que, em todos os tempos, o maior desafio enfrentado por toda e qualquer religião foi a questão *da ética, da ascese e da alteridade*:

- assumir atitudes corretas que não prejudiquem os outros e que os promova;
- conseguir domínio de si e serenidade ao enfrentar os obstáculos da vida;
- manter relações sérias, gentis e profundas que situem nosso eu dentro do grande nós que são os outros e abram espaço para os outros dentro de nosso pequeno eu.

***

Nosso lugar. Fácil não foi, não é e não será, mas milhões conseguiram achar o seu lugar no mundo. Então é factível achar *o lugar do nosso* eu, num mundo de bilhões de outros "eu". Somos todos viajantes do tempo à procura de nosso lugar certo na História, até porque ocupar o lugar dos outros é sempre catastrófico; alguém demasiadamente espaçoso forçou sua presença no assento que não era o seu.

Solidez. Descobrir o "nós" onde caberemos, sentir-nos situados num mundo repleto de pessoas sitiadas, às vezes parece tarefa hercúlea, mas requer relativamente pouco. Chega-se a isto quando se acham sentidos e conceitos sólidos, atitudes suficientemente maleáveis para não fugir ao diálogo; e solidariedade bastante para incluir os outros em nossos círculos de sonhos e de esperanças.

***

Ascese. Dito assim, parece bonito, mas há que haver renúncias, muitas! Não se vive entre bilhões de outros humanos sem pequenos e grandes sacrifícios. É impossível construir relações sólidas e duradouras sem ascese. O mundo é grande, porém, se quisermos que ele funcione a contento, nosso espaço terá que ser pequeno e delimitado. Quando o nosso eu se expande em excesso e se faz demasiadamente espaçoso, é porque invadiu o lugar dos outros.

***

É deste sujeito espaçoso, que revela impressionante tendência de ocupar o lugar alheio, que me ocuparei neste livro. Por isso o título: *Ser um entre bilhões...*

2. O último lugar (Mt 19,30)

Alguém pode querer o primeiro lugar e fazê-lo com dignidade. O mundo teve bons governantes que desejaram aquele posto e o honraram.

Alguém pode querer o primeiro lugar e fazer dele um *bunker*. Ditadores, em geral, instalam-se num trono que quase sempre usurpam. Matam para não sair daquele posto e, diante da derrota, morrem atirando, mas jamais aceitam o segundo lugar. Obcecados, não se imaginam a não ser como cidadão número um.

Alguém pode ser líder e não cobiçar nem procurar o primeiro posto. Se ali o colocarem, saberá ficar o suficiente e sair no tempo certo.

Existe a mística do primeiro e a do último lugar. Quem vive uma, vive a outra. Saber ser primeiro, segundo, terceiro ou último e, em qualquer lugar, manter a dignidade é graça que Deus dá, mas é, também, sabedoria adquirida no processo de levar as próprias cruzes e as cruzes dos outros.

Num tempo de vencedores em Cristo e de vitoriosos pela fé e pelo marketing bem urdido, este livro abordará a mística daquele que aceita vir depois e, nem por isso, se acha derrotado ou perdedor!

3. Ser melhor e ser "o" melhor

O primeiro lugar é perigoso. Uma simples vogal, "o", que soa como pronome, pode significar humildade ou orgulho. E pode subverter a ordem das coisas. Há um lugar perigoso para ser cortejado e para nele se estar: o de líder ou profeta. Moisés disse que depois dele viria um profeta maior e melhor, mas também viriam falsos revelados a reivindicar o direito de ser líderes espirituais e porta-vozes de Javé. Disse que aquele que, sem o ser, se atrevesse a posar de líder, de maior e melhor, e a inventar profecias e revelações, deveria ser punido com a morte (Dt 18,15-20). Quem falasse em nome de Javé sem poder provar que de fato fora escolhido merecia a morte. Numa sociedade teocrática, brincar de porta-voz de Deus equivalia a invadir terreno sagrado.

Jeremias atacou sem meias palavras os pregadores e profetas que cortejavam lideranças, honrarias e primeiros lugares. Dedicou todo o capítulo 23 de seu livro aos que abusam da pregação para atingir seus objetivos. E em Jr 14,14 garante que a maioria das profecias e revelações dos profetas do seu tempo era inventada. Eles queriam era *status* de homens de Deus. Era o desespero de parecer profeta, porque profeta aceito pelo rei tinha vida garantida. Outros profetas que de fato profetizavam com independência, reagiam e o desafiavam quando um falso profeta abria a boca. Significativamente, eles mesmos não se tinham em grande conta. Não se punham acima dos outros. Mas não toleravam os que buscavam os primeiros lugares e as benesses do reino. Jesus chegou a dizer que os espertos e mal-intencionados, que levavam vantagem com suas orações e pregações, devorando o dinheiro de pessoas carentes, receberiam maior castigo (Mc 12,40).

***

João Batista achou o seu lugar. João Batista, o precursor de Jesus, falou o que tinha de falar. Não teve medo nem do rei nem da mulher do rei. Colocou-se como quem preparava o lugar de alguém que diria coisas ainda mais fortes do que ele. Com sua pá faria uma limpeza no chiqueiro que se tornara aquela nação. Se alguém se proclama profeta ou taumaturgo, não há teste maior do que este. Não se proclamar "o cara". Quem se coloca no centro dos acontecimentos e aponta para si como se os acontecimentos se dividissem entre antes depois dele, pode ser tudo, menos profeta. Bem-intencionado ele não é! Que os outros falem é uma coisa; que ele mesmo se apresente como o divisor de águas, é outra. Religiosos e políticos que adotam este discurso são mais picaretas do que se imagina... Desprezam as realizações dos outros e falam como se o mundo tivesse começado com eles.

***

Dois líderes: Jesus e João. Eles atraíam multidões. Eram líderes e profetas. E sabiam disso! O povo vinha de longe para ouvi-los, e eles tinham o que ensinar. E falavam sem meia palavra. João Batista, já o lembramos, proclamava que no meio do povo agia um profeta maior do que ele. Mandou seus discípulos a Jesus, cuja liderança reconhecia. Disse que nem sequer merecia desatar o nó das correias das sandálias de Jesus (Mc 1,7). O próprio Jesus, que era líder e mestre, curvou-se e lavou os pés dos seus discípulos (Jo 13,14). Diante de uma pecadora ameaçada de morte, não foi ela que se curvou, foi ele. Escrevia no chão (Jo 8,6-8). Não fez espetáculo de seus milagres. Negou-se a fazê-los em algumas ocasiões (Mt 13,58).

Diferente dos profetas, apóstolos e líderes da mídia de hoje, Jesus nunca chamou as pessoas dizendo que nos seus encontros haveria milagres. Disse apenas que os oprimidos e feridos pela vida viessem a ele. Ele tinha respostas. Mas não acentuou seu poder de cura, de exorcismo e de milagres. Em muitas ocasiões pediu discrição e até proibiu o marketing da fé baseado em curas ou prodígios (Mc 1,44). Pelo seu modo de agir é lícito imaginar que, hoje, ele não faria milagres diante das câmeras. Ele, que propôs discrição ao orar e ao dar esmola (Mt 6,3), não permitiria holofotes nem câmeras a filmar seus prodígios. Foi ele quem disse que os que buscavam os primeiros lugares acabariam nos últimos (Mt 19,30). Jesus não perseguiu prêmios nem lugares de honra. Sabia quando ocupá-los e quando redimensioná-los. Estava ali fazendo a vontade do Pai (Mt 26,42).

***

Seja o melhor... A capa de livro em livraria de aeroporto estampava o título: *Seja o melhor!* Certamente não serviria como livro de alter-ajuda. Um de alter-ajuda provavelmente seria intitulado *Seja melhor* ou talvez dissesse: "Ajude o outro a ser melhor". O autor propunha naquele título a mística do vencedor ou a busca do primeiro lugar. Nada mais justo que outro autor escreva também um livro para desmistificar a importância do primeiro lugar. A maioria dos atletas que fizeram gols recebeu o passe de um colega que não foi aplaudido, mas que armou toda a jogada. O mundo gosta de aplaudir quem deu o último chute e esquece quem o tornou possível...

***

Altruístas e egoístas. Os altruístas assim raciocinam: "Eu sou eu, mas quero que você seja você, para que, juntos, sejamos um grande e significativo 'nós'". Fundam escolas filosóficas ou teológicas e seus discípulos levam adiante o seu discurso de alteridade. Os egoístas, pura e simplesmente, ou impura e complicadamente, afastam do seu caminho, pela força ou por ardis e vilanias, quem ouse ocupar o espaço que eles querem. Seu *ego* não admite um alter a desfiá-los. Apossam-se da mídia e do marketing e fazem a cabeça do povo, até que, de tanto fazer cabeças, as cabeças doem e o povo perde a cabeça, partindo para mais uma ditadura, dessa vez de outra linha. Democracia supõe altruísmo. Ditadura, nem supõe nem lida com ele.

4. Auto e alter-ajuda

Manuais de autoajuda. Embora elogie e admire os autores de *autoajuda*, vejo poucos manuais de "alter-ajuda" nas livrarias do mundo. Deve ser porque, nesta era narcisista, de aumento de abortos, divórcios e separações, das crassas infidelidades, de abandonos e ingratidão, de exaltação do "eu" em detrimento do "nós", os livros voltados para o indivíduo vendem mais do que os que nos propõem atitudes de "bom samaritano", de quem sai de si para cuidar dos outros.

Naquela parábola Jesus resgata a importância do outro que precisa de ajuda, seja ele um próximo conhecido ou desconhecido (Lc 10,25-37). E Jesus não diz que é fácil. Apenas deixa claro que não podemos agir como se nada tivéssemos a ver com um desconhecido que sofre.

Ajudar alguém caído numa calçada pode ser um risco. Mas aí entram os riscos e o desafio da caridade. Ela supõe o risco de ajudar, porque o ajudar nunca vem sem algum percalço. Não faz muito tempo, um casal que deu comida para um rapaz drogado foi morto por ele com a mesma faca que lhe deram para cortar o pão. Cães da raça Fila às vezes mordem seus donos ou matam os filhos do vizinho; pessoas descontroladas também! Não obstante, se queremos que o mundo mude, teremos que assumir os riscos da paz. Não teremos sido os primeiros mártires da alteridade.

***

Proximidade. Segundo Jesus, todo ser humano é nosso próximo, mesmo que nunca o tenhamos visto nem sintamos por ele carinho algum. Ainda assim, somos responsáveis. Mas não confundamos proximidade com intimidade. Não temos que ser íntimos de alguém para tomar sua defesa ou dar-lhe um sanduíche.

O mundo não é tão grande para que confundamos os desconhecidos com seres de outro mundo... Não são marcianos. São humanos, gente deste planeta que precisa de ajuda. Na maioria dos acontecimentos estamos todos a menos de trinta horas de voo e a um ou dois minutos de Internet. Somos um entre bilhões e, diante da imensidão do universo estelar, este é um planeta minúsculo, ínfimo grão de poeira cósmica, mas habitado!

Por isso, a parábola de Jesus provoca e desafia o conceito de *caridade, pessoa, próximo e vizinho*. Ela ressalta o bom samaritano, um homem de outra religião que se comporta de maneira mais humana do que dois religiosos e líderes egoístas que se julgavam eleitos. Os dois personagens agiram de maneira oposta ao que ensinava a Bíblia daquele tempo. Todos os humanos são vizinhos, e todos os que acreditam em Deus devem ser acolhedores. Nas relações humanas conta a necessidade, e não a distância. Há sempre um jeito de ajudar.

Resgate. Crianças de uma escola religiosa dos Estados Unidos, ao saberem que, num país africano (melhor não citar o nome!), vendia-se uma criança por 25 e uma virgem por 250 dólares, cotizaram-se e juntaram cerca de 10 mil dólares para resgatar algumas delas. Entenderam que deviam fazer alguma coisa e conseguiram. Enquanto isso, firmas poderosas com lucros de 2 bilhões de dólares não tiveram a mesma iniciativa. Se quisessem, conseguiriam, mas havia projetos maiores do que resgatar virgens e crianças africanas...

Essencializou. Na parábola, Jesus descreve, em termos de hoje, um rabino, um padre, um pastor, um aiatolá, mais um diácono ou ministro da fé que passam ao largo de um sofredor e nada fazem por ele. Pregador que veio fazer a diferença e, segundo ele mesmo, manter aceso o fogo da terra (Lc 12,49), Jesus mexeu com todas as religiões e com todos os crentes de todos os tempos. Contou a história de um simples fiel de outra religião que fez o que profissionais da fé não fizeram, embora fosse esta a sua missão. Era Jesus *essencializando* a religião. Ou isto ou o nosso ministério é mentiroso.

Leiamos a parábola:

> Levantou-se um certo doutor da lei, para provocá-lo, e disse: "Mestre, que farei se quiser herdar a vida eterna?". Jesus disse: "Que está escrito na lei? Como você a interpreta?". O doutor respondeu: "Amarás ao Senhor teu Deus de todo o teu coração, e de toda a tua alma, e de todas as tuas forças, e de todo o teu entendimento, e ao teu próximo como a ti mesmo". E Jesus retrucou: "Resposta correta. Faça isso e conseguirá a vida eterna". Mas o doutor, querendo testá-lo ainda mais, disse a Jesus: "E como vou saber quem é o meu próximo?". Jesus respondeu com uma pequena história: "Um homem descia de Jerusalém para Jericó, e caiu nas mãos de assaltantes que, além de roubá-lo, o espancaram e o deixaram semimorto. Descia pelo mesmo caminho certo sacerdote; viu e fez de conta que não era com ele. Passou um levita que também fez de conta que não era problema dele. Passou então um samaritano, chegou perto e, vendo-o, moveu-se de compaixão. Desceu do cavalo, atou-lhe as feridas, pôs nelas azeite e vinho; colocou-o no cavalo, levou-o para uma estalagem e cuidou dele a noite toda. No dia seguinte tirou dois dinheiros e deu-os ao hospedeiro. E disse: 'Cuida dele. O que você gastar a mais, na volta eu pagarei'. Qual destes três lhe parece que foi o próximo daquele que caiu nas mãos dos salteadores?", perguntou Jesus ao doutor. E o doutor respondeu: "O que usou de misericórdia para com ele". Então Jesus concluiu: "Vá e faça o mesmo!" (Lc 10,25-37).

5. O outro...

Perder com honra. Penso que um livro que leve o leitor a mergulhar no mistério do "outro" poderá ajudar muitos a saírem de perto do espelho e da contemplação do próprio umbigo, para olhar ao redor e ver que *o sucesso dos outros pode ser o nosso sucesso* e a vitória deles pode fazer bem a nós, que ficamos em décimo ou vigésimo lugar.

***

Foi fenomenal o dia 8 de julho de 2009, após o jogo entre Corinthians e Fluminense, com a vitória do Corinthians por 4 x 2. O técnico Carlos Alberto Parreira, que já foi campeão do mundo, cumprimentou e elogiou Mano Menezes, na época admirado técnico do então vitorioso Corinthians. Dois líderes bem-educados e serenos. Não apenas isso. O que já fora campeão pôs a faixa de campeão no vencedor. Os jogadores fizeram o mesmo, condecorando os adversários que venceram. Autoajuda e alter-ajuda!

***

Triste foi o caso relatado, no dia seguinte, na página "Cotidiano" da *Folha de S. Paulo*. Uma mulher era suspeita de mandar matar uma psicóloga de 44 anos, imaginando que ela tivesse aconselhado seu ex-marido a abandoná-la. Excesso de "eu"!

***

Mérito coletivo. Quase ninguém sabe o nome dos médicos que recuperaram para o futebol o, na época, jogador número um dessa modalidade esportiva. Foi alter-ajuda. Os médicos foram pagos, mas foi ajuda e foi altruísmo. Não se promoveram com isso. De certa forma, sua modalidade foi promovida. Ganharam todos. Não buscaram nenhum marketing, manchete alguma. Ninguém deles pôs uma placa no consultório dizendo: "Curei o Ronaldo Fenômeno". Seria antiético.

Fizeram o que um especialista deve fazer. Quiseram ter sucesso naquela cirurgia pelo bem do paciente. Não houve "eu" naquela sala de cirurgia. Houve um "nós" que deu certo, até porque nenhum médico opera sozinho...

Ladrões de medalha. Diferente e infeliz é o caso do médico ou do religioso que se promove à custa dos seus beneficiados ou o professor que publica como suas as pesquisas dos alunos. Certos testemunhos dos fiéis, diante das câmeras, em favor do pregador que os tirou das trevas, são mais deletérios do que se imagina. Lembram o toque de trombeta que Jesus condenava. Se o pregador concorda com tais depoimentos ele é um desqualificado que usa a fé para auferir vantagens pessoais. Ir à televisão e ao rádio sabendo que alguém nos exaltará e até incentivar aquele depoimento é tudo, menos altruísmo. É marketing sujo e desonesto para vender algum produto. É ser peru com penas de pavão. Para vender mais e ganhar mais fama, o indivíduo aceita ser elogiado diante de milhões de olhos e ouvidos pelo que Deus fez pelos outros.

***

Rasgaram suas vestes. Uma coisa é ser pego de surpresa e receber um elogio que não esperava; outra é aceitar e concordar com tais elogios. Se tiver chance, o elogiado deve deixar claro que outros também tiveram parte naquela graça... Ele foi apenas mais um. Paulo e Barnabé rasgaram as vestes em protesto contra um grupo que os tratava como deuses (At 14,14). Cheios de alteridade, não aceitaram a exaltação que não lhes pertencia.

Intenso marketing da fé. Nesses dias de intenso marketing religioso, veiculado diariamente no Brasil por mais de quinhentos programas de rádio e televisão, o texto de Atos 14,1-14 deveria ser mais lido e levado a sério. Por terem orado e conseguido um milagre por um paralítico em Listra, os dois foram confundidos com Júpiter e Mercúrio em carne e osso. Ali mesmo, alguém ensaiou mais um culto idolátrico. Os dois reagiram na hora contra o excesso de promoção da sua pregação. Não é o que tem acontecido nesses dias de mídia e de mensagens a serem vendidas e templos à espera de novos fiéis. Triunfou o indivíduo.

6. Ajudar-se para ajudar?

Imagino que você já tenha mergulhado no conceito de *alter* e de *autoajuda*. Há uma enorme diferença entre ajudar *a si mesmo* e ajudar "*o outro*". Se mergulhou, então já percebeu que o verbo viver ou passa por estes dois conceitos ou não nos leva a nenhuma conclusão satisfatória. A felicidade depende disso: de um lugar adequado para o nosso eu no meio de bilhões de outros.

***

Realizar-se depende de saber ser quem somos e também de ajudar alguém a ser quem é ou quem deveria ser. É o caso do casal com os seus filhos. É o caso dos amigos. É também o caso de quem trabalha. Fazemo-lo para nós e para alguém que não produz aquilo que fazemos e que ele compra ou ganha de nós. Estamos inapelavelmente atrelados uns aos outros.

Ajudar e ajudar-se. Disso depende uma família estável e sólida. Disso depende qualquer matrimônio. *Quem não se ajuda, não ajuda. E quem não ajuda, não se ajuda.*

***

Cuidar-se para cuidar. Na eventualidade de alguma despressurização do avião, uma voz instrui os passageiros adultos para que primeiro se ajudem, pondo a máscara no próprio nariz, para respirar. Tendo forças, ajudarão as crianças e os idosos. É o caso de ajudar-se para ajudar alguém. *Precisamos estar suficientemente bem para fazermos melhor o bem que nos cabe fazer.* Cuidar de nós mesmos é essencial para cuidarmos dos outros. Mas cuidar apenas de nós não é cuidado, é desvio. Tomemos cuidado com aquele que cuida apenas ou demais de si mesmo!

***

Convivência e tribalismo. Imagine uma enchente. O rio subiu e ameaça. Há uma pessoa em perigo de morte. Você tem a corda. A menos que seja um desqualificado, tudo indica que você irá ajudá-lo. É o seu lado solidário. Até mesmo animais salvam os outros em perigo. Cães salvam os seus donos. Macacos salvam seus filhotes. Salvar o outro é questão de sobrevivência da espécie. Em casos extremos é preciso escolher entre salvar-nos e salvar alguém. E não foram poucos os que arriscaram a própria vida para salvar outra. Pode estar escrito na criação, mas tem muito a ver com afeto, convivência ou tribalismo.

Seu lado empreendedor. Imagine, agora, você em perigo e outra pessoa a lhe jogar a corda. Se você não fizer a sua parte, amarrando-se ou agarrando-a, ela não poderá tirá-lo da correnteza. É o seu lado empreendedor. Não apenas quem joga a corda empreende. Quem a agarra e faz alguma coisa por si mesmo, também tomou a iniciativa. Aceitou ser ajudado. Fez! Saiu da "coitadice", estado típico de quem poderia fazer algo por si, mas prefere posar de coitado para que o bairro e a cidade inteira corram em seu auxílio.

Entre a criança manhosa que chora e, impotente, ergue as mãozinhas para que a mãe venha buscá-la e a outra, industriosa, que também chora, mas engatinha e vai buscar o colo da mãe, já sabemos qual delas é a possível sobrevivente de amanhã. A menos que a manhosa aprenda, no dia do perigo não vai saber o que fazer com a corda que lhe jogarem.

Alter e autoajuda fizeram história positiva. A ausência das duas atitudes também fez história, mas negativa. Se o mundo lhe parece ir para a direção errada, será por excesso de autoajuda e carência de alter-ajuda. Ou será por ajuda insuficiente.

***

Os ricos e emergentes. Olhe o mapa dos países ricos, dos emergentes e dos países hoje inviáveis. Pessoas são como países.

Ricas e poderosas, altamente centradas em si mesmas e preocupadas em acumular bens; emergentes em busca de mais espaço; inviáveis, não porque querem, mas porque alguma circunstância tirou delas a capacidade de escapar da correnteza.

Nações lembram pessoas que em algum lugar do caminho não aprenderam a nadar. Quem sabia, escapou das águas, mas apenas alguns voltaram para salvar quem ficou. É o mundo que nos cerca. Há os que se ajudam, mas não ajudam os outros; os que se ajudam e ajudam os outros; há os que jogam a corda e os que perderam as forças. Por si mesmos não sairão daquelas águas.

Autoajuda. Você já os viu em alguma livraria de aeroporto, rodoviária e shopping. Lá estavam eles: os livros de autoajuda. Continuam lá. É uma das estantes mais frequentadas. Algum autor ou autora achou que poderia ajudar pessoas a melhorar seu desempenho pessoal, grupal, amoroso, econômico, profissional e pôs em livros o que sabia. E lá estão os títulos a incentivar você. "Leia-me, pense comigo, vá e faça! Deu certo comigo, talvez dê certo com você".

***

Autores sábios e serenos. Não pense que critico estes autores e seus livros. Muitos deles têm mais potencial do que eu. Mostram enorme cultura. Alguns livros são extraordinariamente bem escritos e fazem enorme sentido. Mudaram muitas vidas. Eu mesmo aprendi com vários deles.

Os dados antropológicos e alguns acentos filosóficos e psicológicos dos livros de autoajuda que já li me levaram a ir mais fundo no que descortinava. Por conta deles mergulhei em livros mais profundos. Sou grato aos que escrevem tais livros. A maioria destes autores quer ajudar o leitor a ajudar-se. Uma leitura, ainda que breve, dos capítulos de cada livro revela um acurado *know-how*. Alguma coisa eles viveram e sabem; um pouco da sua experiência pode ser útil a algum leitor. Você compra e percebe que o livro acrescenta. Valeu o intento, até porque alguns autores são, também, lúcidos e humildes. Não trazem a solução. Oferecem caminhos.

***

Apenas vendedores. Mas há os mágicos, os garantidores, os que, sem um pingo de humildade, pretendem ter achado as respostas para a sua felicidade e para o seu sucesso. Se você anotar os títulos, perceberá que primam pela falta de modéstia. Eu sei e você sabe que há pessoas pretensiosamente humildes. E nem você nem eu estamos isentos desse deslize. Os títulos e os rostos estão lá a nos dizer que aqueles autores se oferecem como gente que soluciona seus problemas. Mas aí já não se trata de livros de autoajuda. Não passam de autobiografias disfarçadas.

***

A verdade é que são milhares os livros de autoajuda e a maioria realmente ajuda você a se ajudar. O leitor diz: "Preciso de ajuda!". E cada autor parece dizer: "Acho que posso ajudá-lo a ajudar-se". Observo os compradores a folhear tais livros e vejo que se deixam tocar pela forma, pelos títulos e pelos temas. Estavam buscando exatamente aquelas palavras! Um autor os acolheu!

7. Autoestima e alta estima

> *Nem maiores, nem melhores, nem mais santos, nem menores, nem piores, nem mais indignos. Cuidemos com as palavras mais, maior, menor, pior... Na maioria das vezes, elas prejudicam o diálogo.*

Em maior ou menor grau, a maioria das pessoas alterna entre a *autoestima* e a *baixa estima*. Também há os que se têm em *alta estima*... Mas toda alta estima é alta demais... Em geral, ou nos amamos de menos, ou demais. Nem sempre conseguimos nos avaliar com realismo: "Sou quem sou". Isto seria "autoestima". "Sou aquele que com este livro resolverá seus problemas. Leia-o e recomende-o...". Isto seria "alta estima"!

Chego aos 70 anos e digo-o com sinceridade e realismo: "Sei o que quero, mas não sei se sei quem sou!". Sem a ajuda dos amigos e de quem pensa meu eu comigo será difícil saber o suficiente para servir com eficácia. É a isso que Paulo se referia em Romanos 7,15-19. Traduzo-o em linguagem acessível a qualquer leitor.

> Não estou satisfeito com o que faço. Não faço aquilo que quero, e faço o que condeno. Ora, se faço, mas não quero, então admito que a lei é boa. Percebo então que não sou eu que faço isto, mas algo infiltrado em mim, o pecado que levo em mim. Porque na minha carne não mora o bem. Querer até que eu quero, mas de repente não consigo realizar este bem que quero. Em resumo: não faço o bem que quero, mas às vezes faço o mal que não queria fazer.

Nas horas de confidência, digamos o mesmo aos que nos amam: "Gosto de mim, sei que tenho imperfeições, posso e quero ser ajudado. Preciso de mim mesmo, preciso dos outros, preciso ouvir e preciso falar. E sei que há outros que sentem o mesmo"; "Amo e sou amado, mas sei que não amo o suficiente. Sei que as pessoas me amam não como eu gostaria, mas do jeito que podem. Algumas delas poderiam me amar mais e melhor, mas aceito os limites delas. Independente de ser amado, eu gostaria de amar direito".

Eis aí alguns princípios de autoestima e autoajuda embutidos em poucas frases. Neles está outra vivência, sem a qual nenhuma autoajuda ou autoestima prossegue sem rachaduras. Falo da alter-ajuda!

8. Supervalorizar-se

Sem supervalorizações. O tema é candente porque atualíssimo. Sempre foi! Somos chamados a não nos supervalorizar, nem a nos desvalorizar e também a não exagerar nem diminuir o valor dos outros. Achar nosso justo valor e o justo valor das pessoas é caminho de felicidade. Ajudar os outros é ampliar este caminho.

Somos, por isso, chamados a ser corretos e corrigíveis, como um avião precisa ter dispositivos que possibilitem ao piloto corrigir o seu voo. E somos, ainda, chamados a ser pessoas *acessáveis e acessíveis*. As portas e janelas do nosso eu devem estar fechadas para um tipo de comportamento e para um tipo de pessoa que nos quer tomar de assalto. É justo que nos defendamos contra os intrusos. Mas cuidemos com o fechamento. Deixemos frestas e chaves para que os que merecem possam entrar em nosso eu.

***

Defender-se sem se fechar. Nem todo mundo é intruso. Se não dermos o código do nosso eu para pessoas confiáveis, que realmente nos querem bem, pessoas que verdadeiramente nos amam e a quem dizemos amar, será difícil consertar alguma coisa dentro de nós. É que os de fora, que têm os instrumentos e que podem ajudar-nos, precisam ter acesso ao nosso eu.

Fornecer a chave. Os humildes e inteligentes fornecem a chave. Os teimosos, fechados, incapazes de alteridade, excessivamente donos de si mesmos, decidem se abrem ou não abrem, mas a chave do seu eu é ciosamente deles. O último sujeito que se negou a dar entrada em sua casa a quem poderia salvá-lo morreu queimado... Os bombeiros não conseguiram descobrir o código das portas e janelas... Os toxicômanos vivem cheios de códigos. Se não os derem a quem sabe e pode ajudar, morrerão na droga. Se há códigos para entrar nela e "pertencer", há códigos para sair dela e "voltar a pertencer-se".

9. Entre a auto e a alter-ajuda

Conglomerados. Em megalópoles, aldeias, bairros, vilas, tugúrios e favelas, edifícios luxuosos, sete bilhões de pessoas vivem como podem e como não sabem. Muitíssimas perderam a alegria de viver e muitas já tentaram suicídio ou esperam morrer, porque não veem mais nenhuma perspectiva. Chegaram ao fim da linha.

Milhões se ajustaram. A caminho de algo mais estão os que convivem. Conseguiram e conseguem achar seu espaço lá, onde parece não caber ninguém mais. Como garças na árvore atulhada de outras garças, ocupam seu lugar sem destronar o outro, sem bicar e sem derrubar quem quer que seja.

Milhões escolheram agredir. Milhões, porém, optaram pelo caminho dos predadores: empurram, derrubam, desestabilizam, assaltam, matam, roubam. Querem aquele cliente, aquele filé, aquele espaço. E dão um jeito de dizer que seguem as leis de mercado, as leis da política ou as leis de Deus. Mas, sendo espaçosos, o que realmente buscam é o lugar dos outros.

O caminho dos ladrões. E não são poucos os que enveredaram pelo caminho dos corruptos: desviam polpudas quantias e valores dos seus povos para os próprios bolsos. Seu ego pantagruélico precisa ser alimentado não apenas com cem ou mil, mas com milhões. O pouco não lhes basta. Sendo megacorruptos, praticam megadesvios.

O caminho da fé. Milhões se refugiam em religiões nas quais pregadores convictos, mas também astutos e argutos, lhes garantem milagres e respostas imediatas do céu, encontro garantido com Deus, felicidade depois e, já aqui na Terra, o prêmio em espécie por terem aderido àquela comunidade eficaz, que sabe onde e como conseguir, aqui mesmo, o cêntuplo... O discurso encanta e seduz porque aparentemente traz a chancela de Deus. Sempre dizem que foi ele quem disse e é ele quem quer aquilo que, na verdade, quem quer é o entusiasmado e esperto pregador de alguma fé. Pregador garantidor seria o último a merecer confiança do fiel, mas é exatamente ele que atulha os templos, garantindo o que mortal algum pode garantir. Esperto, ele afirma que garante aquelas curas com data e hora marcada em nome do céu. Venham lá porque Deus atuará naquela tarde. Oferece adiantado um cheque espiritual sem fundos ou fundamentos e o fiel lhe paga tudo antecipado e em cheque real. Preste atenção nos arrecadadores da fé e nas suas promessas e garantias de retribuição divina. Dê a Deus e entregue a nós que saberemos o que fazer para que sua oferta chegue aos céus e ajude o céu a atuar na terra. Na maioria dos casos o discurso não é de alteridade nem é altruísta.

O preço na etiqueta. Nessas pregações pouco altruístas ou desprendidas há um preço e um porém: os fiéis devem seguir contribuindo e dar todos os passos indicados por aquele grupo para chegar ao sucesso financeiro... Jesus já se ocupou deste assunto em Mateus 24,24-26 e em mais de quinze passagens nas quais aborda a teologia do possuir, do ter e do conviver. O pregador Jesus, diferente dos pregadores que usam seu nome, não liga o sucesso aos primeiros lugares, nem ao aumento da conta no banco. Nunca o fez.

10. A fé sem preço

Como pregar sem dinheiro a milhões e sem aparecer?

Há uma fé sem preço. Há humanos que escolhem pertencer a religiões serenas ou ser serenos numa religião que admite o paroxismo, a exaltação e o entusiasmo que arranca lágrimas. Mais serenos na busca do grande Outro e dos outros humanos, eles escolhem pertencer aos grupos que ensinam princípios de paz e de diálogo. A busca do milagre ou de prodígios não vem primeiro. Os números contam, mas não se tornam obsessão. Não traduzem "mais almas para o Cristo" por "milhões de almas para o Cristo". Na sua cabeça mais não são milhões. Primeiro vem a busca do conteúdo. Querem saber mais para ser melhores do que são. Mergulham na sabedoria do existir.

Não garantem nem prometem vitórias; apenas ajudam a pensar e refletir a vida e colocá-la a serviço dos outros. Há quem viva de e pela filosofia; há os que vegetam e raramente pensam no que se passa ao seu redor. Há os que pensam demais em si mesmos e nas vantagens que levarão no próximo lance. Há os que vivem por dinheiro e servem fielmente e de joelhos ao deus Mercado.

E há humanos que vivem da procura sequiosa, às vezes, histérica, de sexo, fama, luzes, destaque, aplausos, bebida, tóxicos. Sem estes aditivos, seu combustível mal dá a partida! Precisam de constantes e sucessivas motivações para se manter em pé. Lembram balões que perdem rapidamente o gás hélio que se lhes escapa por algum orifício e precisam ser inflados a todo momento, para flutuarem e segurarem a propaganda que levam estampada na superfície... Não armazenam nem subsistem com o que possuem.

No seu excelente livro *Vida líquida*,[1] Zygmunt Bauman, autor que citarei muitas vezes neste livro por identificar-me com ele em determinados lances e conceitos, analisando a busca sequiosa de resultados, chama de varinhas mágicas a sucessão de lances e novidades dos quais se espera efeito imediato. Não o conseguindo, sobra sempre alguma droga forte que promete uma visita instantânea, ainda que breve, à eternidade. É o plict-ploct, o vapt-vutpt, o pimp-pam-pum, o agora-já, o pagou-levou, que tomaram conta do que ele chama de vida de consumo. Os objetos e pessoas perdem rapidamente sua utilidade e o poder de sedução. Para quem quer tudo sempre mais e o quanto antes, tudo o que passa por sua mão ou pelo coração tem vida útil limitada... Aconselho ao leitor ir mais fundo nos livros de Bauman e Jean Baudrillard. Leia também Carl Sagan. Chegam a ser impiedosos contra o imediatismo da sociedade de consumo.

> Tenho dito em conferências e aulas que a perda de grandes referências e o desaparecimento dos rostos de pessoas íntegras que lutavam pela liberdade e pelos mais fracos com o risco da própria integridade cedeu lugar a milhares de pequenas referências, celebridades efêmeras que servem como ídolos enquanto sua canção, seu personagem ou sua mensagem dão lucro. Raramente, porém, conseguem causar maior impacto do que sua obra. Não passam dela. Nunca chegam a ser ícones porque sua tinta desbota antes da próxima novidade que lhes tomará o lugar.

Talvez não tenhamos percebido os novos Mahatma Gandhi, Martin Luther King, João XXIII, João Paulo II, Nelson Mandela, Paulo Arns, Helder Câmara, Teresa de Calcutá e Irmã Dulce. É possível que os novos mensageiros onipresentes na mídia, que diariamente chegam a milhões de pessoas, tenham mais força do que imaginamos. Talvez queiramos demais deles. Fato é que os

---

[1] Tradução de Carlos Alberto Medeiros. Rio de Janeiro: Jorge Zahar Ed., 2007.

outros apareciam pouco. Eram muito mais procurados do que procuravam os holofotes. Não fugiam deles, mas não voavam ao redor deles. Talvez por isso tenham se tornado referências. Foram procurados enquanto procuravam resolver os problemas que feriam os pequenos do seu povo! Projetavam-se pouco. Mas o que faziam era projetado e eles apareciam mesmos sem aparecer.

Eram árvores que pareciam ocultas e mirradas, mas seus frutos saltavam aos olhos. Hoje há arvores frondosas e altamente fotogênicas, mas nas quais é preciso procurar frutos porque foram programadas para serem vistosas! Muitos famosos tiveram canções e atuações brilhantes, mas sua vida não brilhou. Não irradiaram solidariedade. Tudo foi construído em torno de sua imagem que precisou ser inflada para venderem sua mensagem. Foi assim com centenas de artistas de Hollywood. É lugar de cultura e tem seus méritos, mas o nome "madeira esburacada" traduz um pouco do que o marketing hollywoodiano fez com muitas de suas celebridades.

Era a esse tipo de ânsia por novidades que Jesus se referia, quando disse que onde está nosso tesouro, está nosso coração (Mt 6,21). Era a pessoas sólidas que Jesus se referia, quando dizia que há os que tiram de dentro de si o que ali colocaram (Lc 6,45). Era também sobre isso que Jesus perguntava aos discípulos. Queriam os primeiros lugares, recompensa e aplausos já neste mundo, ou depois (Mt 6,2)? É disso que Jesus tratava, quando declarou ser falta de sabedoria apostar demais no aqui e agora e não armazenar conteúdo certo para os dias incertos (Mt 6,19; Lc 12,21). Ele não confundia graça de Deus com improviso. Havia um processo de crescimento na pessoa iluminada. A fé tem que ser trabalhada. É mais do que ajoelhar-se em altos clamores e pedir intervenção do céu. Jesus propunha a graça armazenada.

> E ele disse-lhes: "Por isso, todo o escriba instruído acerca do reino dos céus é semelhante a um pai de família, que tira do seu tesouro coisas novas e velhas" (Mt 13,52).

11. Ateísmo e fé que ferem

Fé que fere. Se há uma fé que fere – e há –, também há um ateísmo que fere. Que o digam as vítimas do comunismo ateu a partir dos anos 1920 na hoje extinta União Soviética e nos países satélites; que o digam as vítimas do maoísmo a partir dos anos 1950 na China; e que o digam as vítimas do nazismo de Hitler e de outros regimes ateus que, literalmente, massacraram a fé que se lhes opunha.

Nitroglicerina. Doeu-me ler os números 15 e 19 de *O Anticristo*. É nitroglicerina da pior espécie. Feliz daquele que consegue ler Nietzsche e mesmo assim respeitar o cristianismo. O texto tem ódio em cada linha e seu autor não o esconde. Isto não significa que não houve cristãos a vomitar ódio nos seus escritos, mas nada isenta nem uma nem outra cabeça. Se aos 23 anos, quando li Nietzsche pela primeira vez, eu me escandalizei, quando tornei a lê-lo aos 50 e outra vez aos 68 mais uma vez me escandalizei com seus escritos. Não obstante, segundo pondera Daniel Rops em *A Igreja das revoluções*,[1] para um cristão que bebeu da fonte Jesus, Nietzsche não pode ser varrido para a lixeira da História. Inspira um misto de espanto e de compaixão pela vida que viveu, pelo modo como morreu e pelas coisas que teve a ousadia de dizer contra e sobre Deus. Uma canção muito cantada nas missas diz que os cristãos vieram para incomodar. Querem incomodar o mundo. Nietzsche pensava igual. Resolveu incomodar outros filósofos e os cristãos em geral!

Livros que ferem. Em *Além do bem e do mal*, *Assim falava Zaratustra* e *Ecce Homo*, ele prossegue nas suas demolições. Lembro-me de um professor que, temendo que eu perdesse a fé

---

[1] São Paulo: Quadrante, 2003.

e a vocação, me aconselhou a queimar aqueles livros. Mas outro me falou de Daniel Rops, Karl Rahner, Hans Küng, Joseph Ratzinger e de outros autores. A seu conselho prossegui nas leituras e devo dizer que entendi que, assim como há muitos teísmos, também há muitos ateísmos. Distingo as iras de Richard Dawkins, Christopher Hitchens, Daniel Dennett, Carl Sagan, Bart D. Ehrman, Herbert Marcuse e de outros ateus ou agnósticos mais recentes, e as dele, que escreveu para ofender. Mas distingo também as iras de São Jerônimo, de Lutero e de outros cristãos, alguns dos quais também escreveram para ferir. Não vivi e não participei de seus dramas pessoais e não sei o que os levou a dizer o que disseram e do jeito que disseram.

Púlpitos que ferem. Ouço o rádio e vejo a televisão, madrugada adentro, e percebo em alguns crentes não católicos o respeito por nós e pela história que nos cerca. Nós também os respeitamos. Mas há os outros, irônicos, agressivos, com sanha de nos esmagar. Alguns não escondem sua ira, como fez o pregador que perguntou aos fiéis se Maria estava com o Papa ou no Vaticano, para responder ironicamente que não estava lá, porque estava na glória. Falou para ferir. Um católico que usasse dessa linguagem seria repreendido por seus colegas e pela maioria dos bispos. O fundador de uma igreja o fez e não tem quem o repreenda, porque lá ele é autoridade máxima.

Volto a Nietzsche. Feriu minha fé, mas não me abalou. Não fez a minha cabeça. Eu já lera Lamennais, Lacordaire, Antônio Vieira, Agostinho, Tomás de Aquino; lera trechos de Tomás de Kempis, Thomas Morus, Erasmo, Mestre Eckhart. *Polemistas eles também eram! Depois deles, nenhum ateu me abala, mas também não o recebo à bala.*

Devo ter lido mais de 80 livros contra a nossa Igreja e contra a Igreja dos outros. Se quiser, acharei mais um a cada semana. Li Lutero e Calvino... Então era isso? Estava tudo errado com a Igreja Católica e tudo certo com eles? O erro estava do lado de cá e nunca no de lá? Que Deus seria o meu e que Deus seria o deles? Por ser mais erudita a visão deles, era consequentemente mais honesta? Erudito sempre rima com honesto? Piedade sempre rima com honestidade?

Preconceitos do lado de cá e de lá produziram aquelas obras demolidoras. Depois do livro *Deus não é grande*, de C. Hitchens, entendo o livro *Em defesa de Deus*, de Karen Armstrong. Se do lado ateu alguém teria que dizer o que Hitchens disse, para alegria de muitos alunos e professores de universidade, do lado crente alguém teria que dizer o que Armstrong disse, para alegria de cristãos pensantes. O debate ficou mais interessante porque de igual para igual.

Mortes por atacado. Através dos tempos, ateus e crentes causaram mortes por atacado e continuam antes, durante e depois de Treblinka, Dachau e 11 de setembro de 2001. De um lado e de outro alguém matou em nome de alguma crença, de algum preconceito ou de algum ódio armazenado. Confundiram governantes ocidentais com cristãos ocidentais e governantes e guerrilheiros do Oriente Médio com fiéis muçulmanos. Quem, movido pelo ódio, mata inimigos ou inocentes não é fiel a Deus, dê ele a Deus o nome que der.

Nietzsche não matou. Não matou nem explicitamente mandou matar. Não me lembro de ter lido isso em seus escritos. Nem os escritores ateus acima lembrados propuseram o crime. Apenas quiseram substituir a fé por algo melhor. Políticos, sim, mandaram matar em nome dos seus ismos! E houve religiosos a fazer o mesmo. Erro por erro, deslize por deslize, violência por violência, governos e igrejas, quando puderam, amordaçaram os outros grupos e raramente resistiram à tentação de impor sua política ou sua fé. O mundo adora o caminho binário, estilo oito ou oitenta, tudo ou nada, santo ou demônio, esquerda ou direita, norte ou sul, oriente ou ocidente, demônio ou anjo. Quem não é a favor, é visto como contra...

O caminho da imposição. Existe o caminho da posição, o da oposição e o da imposição... O mais fácil é o da imposição. Quem não consegue convencer, acaba procurando um jeito de vencer... Os radicais consideram medíocre o caminho do meio, quando se trata apenas de caminho alternativo entre dois outros caminhos. Seria como dizer que Pelé e Maradona foram medíocres porque não corriam pelas pontas... Apontam como medíocre quem anda na corda bamba ou em cima do muro. Mas exige muito mais equilíbrio do que andar no chão firme. É bem mais fácil escolher um lado e abandonar o diálogo; jogar fora o que há de bom nos outros, vociferar contra seus eventuais erros e ignorar o bem que fizeram. É mais fácil o caminho brucutu de tacape em punho, estilo "quebro e arrebento, esmago e estraçalho, denigro e esculhambo!". A voz de quem vocifera chega mais longe do que a voz de quem fala com serenidade.

Agressividade. Milhões de cabeças sem cérebro pensante adoram a competição do xingo, do palavrão, da ameaça e do cuspe a distância. Há quem veja beleza na pichação que enfeia nossas cidades. Adoram aquela rebeldia! Como no tempo dos sofistas, aplaudem não quem tem a verdade, mas quem consegue desestabilizar o outro, quem acerta a cusparada e quem enxovalha o outro com maior habilidade.

Alguns capítulos de Nietzsche enxovalham. Também alguns textos de Christopher Hitchens e Richard Dawkins. Mas a verdade é que, se lermos alguns escritores e se ouvirmos alguns pregadores autodenominados cristãos, acharemos a mesma pichação e os mesmos escárnios contra quem não ora nem crê como eles. Não deixa de ser escarro contra a honra alheia alguém dizer na televisão, diante de milhões de olhos e ouvidos, que os outros crentes em Jesus são idólatras e que a Bíblia dos católicos não é cristã... É maneira de prevenir seus fiéis para que não leiam os escritos católicos. Mal sabem estes fiéis que muito do que seus pregadores ensinam sobre a graça e a compaixão veio de bispos e teólogos católicos como Agostinho e Tomás de Aquino. Da minha parte não hesito em citar passagens de Karl Barth e de autores evangélicos profundos. Posso até discordar de outras passagens, mas não vou negar que há luz em muito do que eles dizem.

Errou o sacerdote católico que mandou seus ouvintes queimarem símbolos espíritas e evangélicos. Implicitamente deu a entender que, se um deles queimasse os nossos símbolos, estaria certo. Se há iconoclastas de cá, haverá iconoclastas de lá...

12. Sete bilhões de não abortados

Números a serem traduzidos. O mundo nesta primeira década do século XXI chegou a sete bilhões de vivos, isto é, sete bilhões de não abortados. Os fetos humanos abortados, os que não tiveram chance alguma de se tornarem pessoas, por decisão da mãe ou do casal e de parteiros ou médicos, foram juntar-se aos bilhões, ou quem sabe trilhões de óvulos e espermatozoides que tinham se tornado embriões, mas não viram a luz. Nem todos foram vítimas de pai, mãe e médicos. Simplesmente não vingaram. Mas bilhões deles vingaram e alguém decidiu que não deveriam desenvolver-se...

Se, na história da revolta no paraíso (2Pd 2,4), Lúcifer, o anjo bom que se tornou mau, se rebelou contra a luz, querendo ele mesmo ser a luz, na história real da revolta contra a vida não convidada a nascer num ventre de mulher, os humanos decidem se concedem vida ou morte ao feto que ensaiou nascer naquela casa. Ao extrair do ninho materno o pequeno intruso, jogam fora a alteridade. Descartam o outro que ensaiava ser carne da carne deles.

Decidem por decreto. Uma das provas de que o mundo está se livrando do cristianismo é o confronto dos pró-abortos e pró-grávidas em risco e as igrejas cristãs. Não se aceita mais o conceito cristão de vida e de sacralidade da concepção. Nem o sexo, nem o casamento, nem o feto são vistos como dom. Tornaram-se conquista. Não vem de Deus, não vem do céu e Deus nada tem a ver com a decisão do casal que se desejou, se entregou e concebeu. São donos absolutos do próprio corpo e das vidas que eles geram. Se aquela vida afetar seu desempenho social ou físico e se a mulher sentir que não tem como cuidar dela, a decisão passa pelo lar e não pelos templos. É o laicismo e o neopaganismo a influenciarem as legislações de países até ontem tidos como cristãos; Brasil incluído.

Os legisladores e governantes de alguns países decidiram por decreto que um feto só merece o nome de pessoa com direitos depois de quatorze semanas. Antes disso implicitamente declaram que é um monte de carne a caminho do milagre da vida humana. Ainda não é um ser humano. É carne a caminho de se tornar humana. Tem o mesmo valor que a carne do gato, do cão ou do cavalo. Aliás, em alguns casos, feto de animal raro recebe mais cuidados do que feto de humanos. Pune-se com mais dureza quem põe em risco os últimos exemplares de uma espécie em extinção. Feto desses animais irracionais raros não pode ser extraído... De humanos, sim...

***

Um acidente interno, um remédio, uma agulha, ou um aparelho sofisticado interrompem aquela viagem. Foi assim em muitas famílias. Na mesma época, nascemos nós. A nós foi permitido ver a luz. Quem nos concebeu numa hora intensa de entrega mútua, nos quis vivos. Hoje os chamamos de pai ou de mãe. Foram suficientemente altruístas para aceitar mudar suas vidas por causa da nossa!

***

Dom de Deus. Se você é de uma família religiosa, é provável que seus pais o considerem um presente do céu, dom sagrado, fruto de seu amor. Eles queriam ser pais. Para os dois, semente e óvulo foram abençoados e você é fruto de amor e de fé. Acreditam que Deus os escolheu para ser seus pais e escolheu você para ser filho ou filha deles. A fé faz isso! Os ateus terão outras explicações, mas também falarão de afeto, desejo, amor e vontade. Você nasceu de duas vontades e foi aceito como pessoa muito antes de tornar-se pessoa.

Assumido com todas as consequências. Por mais difícil e incerto que fosse, seus pais não abortaram você. Deixaram que sua carne se formasse neles, sabendo que você não lhes pertenceria. Não geraram uma coisa. Não se possui um ser humano! Um médico ou uma enfermeira ajudaram seus pais a trazerem sua frágil vida para a luz. E aí está você, vivo, amado, respeitado pelo casal que Deus escolheu para lhe proporcionar a vida que hoje você tem.

***

O corpo foi formado dentro da mãe. Mas a pessoa que você é demorou bem mais a ser formada em ombros, colos, beijos e abraços da família inteira. Depois vieram a escola, a rua, o trabalho. O fato é que aí está você, pessoa que não rouba, não mata, não desvia dinheiro do povo e que acredita em conviver para viver... Seus pais fizeram um belo trabalho! Continuaram a educá-lo, enquanto Deus continuava a criar você.

***

Você continuado. Sua história é como a do grande fruto que daqui a pouco não será mais o fruto que era, porque terá sido transformado em alimento... Você foi um embrião concebido, depois feto, depois bebê, depois criança, depois adolescente, depois jovem e agora é adulto que ama alguém e está pronto a continuar a cuidar de vidas que Deus manda a este mundo por intermédio de espermatozoides e de óvulos.

Leitos e afetos. Num leito de amor você fará muitas vezes o gesto de entregar-se e de receber, em beijos e abraços que parecem uma refeição. Mas é o ritual de acasalamento que gera mais afetos e, eventualmente, outra vida. Você não é tão diferente dos ursos, do macaco e das aves. Se quiser ser, será. Depende do que fará com seus sentimentos e sua cabeça.

Bilhões de humanos passaram a vida a comer, beber, dormir e fazer sexo. Não deram significado algum ao que faziam. Bilhões continuam a fazer o mesmo. Vegetam. Agem como bois, patos e galinhas, melões e melancias. Os animais crescem, vivem, enxertam-se, botam ovos, têm filhotes; os vegetais e as frutas, como é o caso dos melões e das melancias, incham, amadurem e são comidos ou apodrecem desperdiçados. Pronto! Acabou!

Nem pronto nem acabado! Para os humanos tudo continua, mas, por terem renunciado à sua condição de humanos, não conseguem viver o significado fundamental da vida. Perderam-se na viela, na esquina cheia de agulhas e pó, na conta polpuda num paraíso fiscal e no rombo que provocaram, puxando para si o que era do seu povo. Outros perderam sua humanidade naquele tiro e naquela decisão de matar ou mandar matar quem se colocou no seu caminho. Se já estavam animalizados quando viveram apenas pelo lucro e pelo prazer, ao eliminar o outro ser humano completaram sua alienação absoluta. Desumanizaram-se. Nem tigres nem leões matam daquele jeito e com aqueles requintes de malícia.

Cultura da graça. Quem tem a cultura da graça, do amor e da vida admite a existência de alguém maior. Por esta razão não se sente dono de nenhuma vida, nem mesmo da própria. Se é o seu caso, você vive por empréstimo. Um dia deverá devolver-se a quem o criou, porque o dono da sua vida e da vida dos seus filhos é Deus. Por isso você respeita, pede luzes e faz de tudo para cuidar desse dom sagrado que por alguns anos está em suas mãos. Mas sua vida não lhe pertence.

Cultura de morte. Milhões de embriões e fetos não tiveram a mesma sorte. Nasceram de pais com outros pensamentos e em família que não acreditava em céu. Lá, pai e mãe se sentiam donos do sexo que praticaram e do seu resultado. Fizeram sexo sem perguntar a Deus e extraíram o fruto não desejado, mas acontecido, sem consultar o céu. E como fariam isso, se não acreditam em antes ou em depois daqui? Alguns até creem que Deus existe, mas acham que ele não apita por aqui! Seu Deus existe, mas não age!

Não lhes foi permitido nascer. Um dia, porque ficou difícil, porque não convinha, porque seu nascimento atrapalharia a vida dela, dele ou de ambos, porque não tinham certeza de que a vida gerada viria sadia, decidiram que interromperiam seu desenvolvimento. O fruto não concluído foi sugado, tirado daquele ventre. Se fizeram mais abortos, aqueles fetos acabaram de vez. Algum dos fetos interrompidos talvez tenha sido guardado numa garrafa em formol, para que as pessoas vejam como é o feto não nascido. Estão lá, dizendo quem foram e quem poderiam ser, se tivessem crescido...

Donos do feto? A pessoa que não crê em Deus, ou diz crer, mas não segue a lógica do autor da vida não tem a menor dúvida de que manda naquele feto. Senhores da própria vida e de qualquer vida que se aloje dentro da mulher, o casal decide. Tira, mata, interrompe e luta por leis que lhe permitam tirá-lo de maneira "saudável e limpa" no hospital. Se apenas um ou se os dois, o fato é que alguém proclama que está acima de Deus. Deus é uma ideia e ele ou ela é realidade. E a realidade é esta: alguém não quer aquele feto que, no momento, atrapalharia sua vida.

Muitos deles escrevem e dizem que um filho não tem nada a ver com o criador do universo; é coisa deles, ventre e óvulo dela e espermatozoide dele. Se quiserem, criarão e, se não quiserem, mandarão tirar. Vale o que eles sentem: a vida é deles, inclusive a do filho feto, porque foram eles que o fizeram.

Virou guerra de mídia. Muitos defensores do direito de abortar brigam feio com a Igreja Católica, à qual brindam com o degradante apelido de *retrógrada* ou *conservadora*. Motivo: queremos conservar a vida do feto, defendemos o direito de toda e qualquer vida que foi concebida e que ainda não pode falar por si mesma. Brigamos por ela contra os pais que não a querem. Não acreditamos em interromper uma vida. Eles acreditam.

Nosso Código de Direito Civil diz que o concebido já é uma pessoa e já tem direitos de pessoa, e o principal deles: direito à vida. Eles querem mudar este artigo. Nós temos o púlpito e nossas mídias. Eles sabem defender suas ideias nas mais diversas mídias.

Mas aí está você. Por você ninguém precisou brigar. Seus pais o queriam. Acreditaram que Deus o criou por meio deles e aceitaram sua vinda. Provavelmente estão felizes de tê-lo trazido ao mundo; valeram todos os sacrifícios.

Catequese do nascer. É assim a nossa catequese do nascer. Deus quis sua vida e seus pais quiseram você. Como cremos que o dono da vida é Deus, cremos também que ele decidirá o que fazer com o casal que não quis a vida que recebeu de presente. Não vai ser fácil o encontro deles com seu Criador, que também é o criador da vida que extraíram. Mas como Deus é misericordioso, terão diante dele a chance que não deram ao fruto que se formou naquele ventre!

13. Um entre bilhões

Escapa a muitos de nós esta constatação libertadora: "Sou um eu atualmente cercado de 7 bilhões de outros". Nosso pequeno ser nunca é insignificante. Mas é enormemente pequeno ante a soma dos 7 bilhões de "eu" que são os "outros" do planeta.

Até agora. Até hoje mais de 120 bilhões de "outros" nos antecederam. Estão na outra existência. Cremos que não acabaram como fumaça. São pessoas e existem numa outra dimensão. Um ateu ou materialista dirá que isto é loucura. Nós dizemos que é perfeitamente lúcido crer que a pessoa sobrevive à matéria, porque não somos apenas nosso corpo. Assim como ninguém fica pela metade quando perde as pernas, não se torna pó quando perde a vida terrena. O corpo vira pó, mas a alma sobrevive. É crença de pelo menos 90% da humanidade.

Haverá bilhões de outros. A nos suceder, depois que tivermos cruzado o túnel da morte, virão bilhões de outros. Vamos envelhecendo e morrendo e outros ocupam o nosso espaço. Na casa e no quarto onde nossos antepassados moravam, agora habita outro ser humano. No quarto onde moramos dormia alguém que já morreu. Às vezes saímos de cena ainda jovens. Iremos, e eles virão sem jamais saber que existimos.

O outro que morreu. Quando dormia num quarto de hotel nas minhas viagens, às vezes me perguntava quem dormira naquela cama em Roma, Madri, no Recife, no Rio de Janeiro, em Canoas. Ainda vive? Agora que chego aos 70 anos, sabendo que, no Brasil, a duração de uma vida humana beira os 73, entendo que meu tempo está se esgotando. Alguma doença ou disfunção me levará em menos de dez anos. Medo? Não tenho. Sei filosofar e sei fazer teologia. Continuarei a existir sem meu corpo!

Seremos esquecidos. A grande maioria dos que morrem nunca mais será lembrada. Estaremos vivos em Deus, dizem os cristãos, mas aqui neste mundo, em cinquenta anos, praticamente ninguém se lembrará de nós; nem nossos familiares. Temos, então, uma escolha: *ou ajudamos e aceitamos que o outro ocupe o lugar dele, ou não acharemos o nosso. Nunca nos acharemos se nos acharmos os mais-mais em tudo.* Ninguém de nós é "o cara" nem nunca será!

Seremos menos. Em muitas coisas forçosamente seremos menos. Somos tijolo ou pedra que precisa achar o seu lugar na construção do mundo. Vai haver um rombo e um desajuste, se eu, pequeno tijolo que sou, por meio de algum mentiroso marketing, ocupar o lugar de uma pedra maior. Estarei mal assentado. Aquele não era o meu lugar. E é este um dos piores legados do marketing moderno. Nem sempre o melhor é o mais promovido: produtos e pessoas...

Produtos de pouca e duvidosa qualidade acabam cantados em prosa e verso como os melhores, quando, na verdade, foram apenas os mais divulgados. É a exposição constante e o marketing que levam um palhaço simpático mas semianalfabeto ao Congresso com cinco vezes mais votos do que um renomado professor universitário, especialista em educação. Seria o mesmo que escolher o simpático porteiro do hospital para decidir sobre as cirurgias do mês. Votaram no comediante conhecido e rejeitaram o sociólogo e pensador desconhecido. Você aceitaria que alguém que nunca dirigiu ônibus ou caminhão o leve numa viagem de 8 mil quilômetros?

***

O lugar dos outros. É este o erro de ditadores, artistas, políticos, cantores e até pregadores da fé que, aceitando o marketing que os faz famosos, aceitam um lugar que na verdade não lhes cabe. Usurpam. O outro é melhor e sabe mais, mas não foi promovido. Ter esta consciência impede os famosos de dizer tolices. As estantes estão repletas de livros profundos que não são comprados nem lidos, enquanto se esgotam pilhas de livros de autores que mal leem dois livros por ano, mas escreveram sua autobiografia. Nada contra tais autores. Têm o direito de se comunicar. O problema é a cultura do visual que leva as pessoas a buscar sabedoria não de quem a tem, mas de quem mais aparece na mídia. O visual esmagou o intelectual!

Imaginemos sempre a outra opção. Em algum lugar deve haver outro sujeito que tem mais do que eu tenho para oferecer, mas a escolha caiu sobre mim. Então, não agirei como se eu fosse o que de melhor o mundo tem. Sou apenas o que de melhor eles encontraram até agora. Posso ser melhor do que sou, mas não serei nunca o melhor que pode haver!

A moça mais linda. A *miss* universo seguramente não é a moça mais bonita do universo. É apenas, dentre as que concorreram, a escolhida. E não é necessariamente a mais prendada, a mais inteligente ou a mais bonita. Meses depois, talvez outra se saísse melhor. Se ela pensar assim, talvez até mereça aquelas homenagens.

***

Famosos que sabem. Uma coisa é alguém ser famoso porque tem corpo bem torneado, sabe o que fazer com uma bola ou com as pernas, com uma canção ou com uma liturgia. Tem seus méritos. Outra é este alguém ser capaz de responder com propriedade sobre a manipulação dos embriões, o direito das pessoas, as novas perspectivas do mercado, a violência estrutural, o *éthos* "consumo/divertimento". Cabe-lhe acrescentar conhecimentos e sabedoria à sua fama.

Famoso que sabe que não sabe. Alguns famosos caem na armadilha da mídia e respondem sobre temas que não entendem. Bem respondeu um pintor famoso quando, perguntado a respeito de Nietzsche, disse: "Eu até saberia pintá-lo, mas não me peçam para analisá-lo. Sou pintor e não filósofo! Meu discurso não vai além das minhas pinturas". Fez mais pelos outros do que se tivesse emitido opinião sobre tema que não dominava.

> Formosura e beleza podem até rimar, mas não são o mesmo que cultura e clareza. O mundo tem muitos entrevistados simpáticos, respondendo sobre assuntos que não entendem.

***

A humildade do "não sei". A muitos notórios e notáveis na comunidade, na cidade, no mundo, como políticos, pregadores e artistas famosos que fazem a cabeça de multidões, falta a humildade do "não sei". Há "eu" demais e liderança demais naquelas cabeças. Falta, na maioria dos casos, a verdadeira alteridade. Quando as eleições, os votos, a vendagem do mais recente livro ou disco, ou os templos cheios se tornam mais importantes do que a pessoa que nos pediu um minuto de atenção, é aí que percebemos se somos altruístas ou não.

O modo como tratamos o outro que não aderirá, nem votará, nem comprará nossos produtos mostra o nosso verdadeiro objetivo. Uma coisa é ser alguém famoso, outra é ser preparado e culto; da mesma forma que ser culto não é ser santo e ser santo não é saber tudo.

14. Imagine John Lennon

O famoso *beatle* John Lennon, na sua canção *Imagine*, propôs um caminho novo a bilhões de ouvintes. Pediu aos futuros ouvintes de sua canção que tentassem imaginar um mundo como ele imaginava: sem céu acima e sem inferno abaixo de nós, um mundo que, finalmente, conseguiu viver a vida de verdade, na fraternidade humana, livre da religião.

E a canção prosseguia: "Você pode dizer que sou um sonhador, mas eu não sou o único; espero que um dia você se junte a nós e o mundo será uma só realidade".

***

Muitos cristãos cantaram esta canção que propunha o fim das religiões, o fim do conceito de céu e do conceito de inferno. John Lennon propunha uma visão materialista e laicista da vida.

***

O famoso *beatle* estava no seu direito de propor um tipo de mundo como ele imaginava. Nós também estamos, famosos ou não, no nosso direito de propor um mundo como nós imaginamos.

Não sendo tão famosos, não tendo tanta mídia à nossa disposição, mesmo assim podemos propor ao mundo religiões mais tolerantes e fraternas, partidos e ateísmos mais tolerantes e fraternos; um conceito menos mágico de céu e de inferno e uma fraternidade humana com religião, mas com religião inteligente e sem fanatismo. Da mesma forma desejamos ateus não fanáticos ao nosso redor. Entre Richard Dawkins, Christopher Hitchens, Daniel Dennett e Carl Sagan, prefiro ler Carl Sagan. Era menos quixotesco no seu ateísmo. O leitor conheça *Bilhões e bilhões* e *Variedades da experiência científica: uma visão pessoal na busca por Deus*.

***

Mas digo o mesmo sobre os pregadores que vejo na televisão, nos Estados Unidos e no Brasil. Prefiro os menos deslumbrados, os que não detectam demônios nem na malária, nem nos mosquitos da dengue, nem os que garantem aos seus fiéis que diarreia e unha encravada são demônios. Prefiro os que não inventam anjos que só atendem das 11h às 11h20 da manhã... Prefiro pregadores que não entrevistem o demônio ao microfone para, depois, ridicularizá-lo, mostrando ter mais poder do que ele em nome de Jesus. Quero igrejas menos fantasmagóricas, que não confundam o sobrenatural com o mágico e que não misturem sacramentos com abracadabra e pirlimpimpim. Sonho com mais seriedade na mídia religiosa.

***

A triste verdade é que religiosos mataram, movidos pelo fanatismo: luz demais. E ateus também mataram, movidos pelo fanatismo: razão demais. Entre a revolução francesa que sacrificou milhares de cidadãos, revoluções comunistas que massacraram e puseram no cárcere milhares de compatriotas, revoluções de cunho religioso no Irã, na Irlanda e entre os católicos e evangélicos de séculos atrás, podemos e devemos escolher um caminho mais sensato.

Houve comunistas e marxistas que não concordavam com crimes e assassinatos e houve religiosos que não concordavam com a violência em nome da fé. Foi, é e sempre será triste saber que, em nome da razão, movimentos políticos e ateus perderam o juízo. Em nome da fé movimentos religiosos e crentes também o perderam.

***

Imagine, não com John Lennon, mas com milhões de outros, um mundo em que as pessoas, crendo ou não crendo em Deus, no céu e no inferno, conseguem ser fraternas, com religiosos e ateus sentados à mesma mesa. Imagine-os a respeitosamente colocar cada qual diante do outro as suas convicções, sem um oprimir o outro.

***

Você vai dizer que sou um sonhador, mas se John Lennon tinha esse direito, eu também tenho. Não sou nem quero ser tão famoso como ele. Assim, poucos me ouvirão. Mas, agora que ele já está na outra vida e foi vítima do fanatismo idolátrico de seu assassino, é bem possível que ele saiba mais do que eu. Se não existe outra vida, nem céu, nem inferno e nenhum mal abaixo de nós, então ele acabou. Se existe, é bem provável que ele já saiba que o diálogo e a tolerância continuam a ser as melhores coisas que se possa desejar para o ser humano.

***

Faz refletir e chega a provocar ira a notícia veiculada pela *Folha de S. Paulo* de 29 de janeiro de 2012. Na Fundação Casa, que substituiu a Febem, há 15 mil funcionários para 8 mil menores. Dois assalariados para cuidar de cada menor infrator. O custo por menor infrator a ser reeducado subiria a 12 mil reais mensais. Esperamos que tenha sido um engano da redação... Infrator é quem achou tanto emprego para o que há trinta ou quarenta anos atrás se resolvia bem melhor com quinze reeducandos por educador... Teria a caridade mudado de nome?

***

Notícia de 24 de fevereiro de 2012, veiculada na *Folha de S. Paulo*, dá conta de que se busca, na Inglaterra, permitir o aborto, caso o casal não se conforme com o gênero do feto concebido. Ele seria abortado legalmente por não ter nascido masculino ou feminino. Depois de nascido não se pode discriminar, mas, antes, pode. Muda-se o critério e chama-se a isso de filosofia de vida e cria-se uma lei em favor do casal e contra seu fruto. Fico a imaginar dois pombinhos aos arrulhos, bico no bico e cabeça com cabeça, a namorar e a planejar seus ovinhos futuros. Ambos a combinar que, caso seus frutos não vierem como planejaram, abortarão os filhotes ainda no ovo. Mas pombinhos não são suficientemente inteligentes para explicar suas ações em favor de si mesmos!

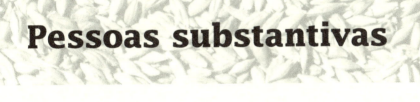

Pessoas substantivas

15. Autoavaliar-se

Nunca diga que você é um nada. Você não é um tudo, mas é muito mais do que nada! Deus fez você; então você é alguém. Nunca se proclame um zero à esquerda. Se quiser postar um zero em si, ponha-o à direita, porque você deve valer dez, vinte, noventa... De qualquer forma, zero você não é.

Nem alta nem baixa estima, nem supervalorizar nem inferiorizar-se. Parece fácil, mas é tarefa que exige discernimento. Vem de saber situar o próprio eu no conjunto de centenas e milhares de outros "eu".

Humilde. A humilde moça, diante das câmeras, dizia: "Eu não sou nada, eu não valho nada, não sou ninguém". Estava dizendo uma coisa bonita e encantadora. Parecia santidade, mas não era. Não estava fazendo teologia correta. Cristãos não têm o direito de se expressar desta forma, até porque nós valemos, sim, alguma coisa; somos, sim, alguém, apesar de nossos defeitos e pecados. Deus nos deu e dá valores. Não nos teria criado para sermos uma simples pedra, quando até pedras agregam valores.

Corre por aí um exercício falso e errôneo de humildade. É a fala da pessoa que, querendo mostrar os seus limites e pecados, teima em dizer que não é nada nem ninguém. O gesto não deixa de ser um ato de ingratidão contra Deus, porque Ele é alguém e nos criou para sermos alguém. Se a pedra falasse, não diria que é um nada; diria que é pedra pequena... mas pedra que tem sua utilidade!

Se até as pedras têm sentido e, de certa forma, carregam sua individualidade, se árvores são individuais e diferentes, até as da mesma espécie, por que negar que Deus nos tenha dado valores especiais e individualidade? Fomos criados por Deus para acrescentar algum valor ao mundo. Viemos por alguma razão; por isso é que não podemos dizer que somos um nada. Nosso DNA prova que somos mais do que nada, que não viemos do nada. Nossa fé nos diz que não voltaremos ao nada.

***

Individualidade. Mas distingamos entre individualidade e individualismo. Acentuar-se é uma coisa, acentuar-se demais é outra. Se quisermos de fato ser humildes, e devemos querer, digamos: "Estou longe de ser o alguém que Deus queria de mim; longe de ser a pessoa que poderia ser. Mas tenho consciência dos meus limites e dos meus valores. Espero que você me ajude a melhorar os meus valores. Eu existo, eu sou alguém e eu nunca serei um nada, porque Deus me criou para somar". Oito mais zero continua oito! A depender do sentido do zero, será 80. Sete bilhões mais zero continuam apenas sete bilhões. Com você serão sete bilhões e um!

16. "Era" porque nasci. "Sou" porque me tornei

Eu era criança incapaz de discernir. Não tinha critérios. Mas quando aprendi as diferenças, tive que fazer escolhas.

Sou porque me tornei... Não sou porque decidi não me tornar. Escolhi ser e hoje sou quem sou...

Há filosofia nessas colocações. Quantos entendem que são hoje o que são porque escolheram ser quem são?

E quantos podem honestamente dizer que são quem são e fazem o que fazem apenas por culpa dos outros?

Toda vez que alguém ingere droga ou comete um crime, a culpa é sempre dos outros? Culparemos os pais por todos os desvios de comportamento dos seus filhos? Culparemos o Estado por todos os desvios dos menores infratores? Culparemos as religiões por todos os pecados cometidos por seus adeptos?

Quando alguém fica apenas na esfera do animal racional, mas, por usar pouco da razão, não consegue se tornar pessoa, a quem culparemos?

17. Viemos depois

Ceder não é perder. No voo de Recife a São Paulo, o velhinho sentou-se ao meu lado na poltrona B. Mais gordo e mais pesado do que eu, deu um jeito de empurrar meu braço para dentro. Fiquei impossibilitado de digitar. Vi que abriu um livro em hebraico. Pelos trajes era rabino judeu. Pensei comigo: "Ele chegou depois, mas sua fé tem quase 2 mil anos a mais do que a minha e ele tem uns dez anos a mais do que eu. Além disso, tem 40 quilos a mais e precisa de mais espaço". Parei de escrever e aceitei perder. Fizeram assentos para pessoas do meu tamanho, mas não para pessoas do tamanho dele... Não me senti perdedor. Ceder nem sempre é perder...

Viemos depois. Falta esta mística a milhões de vitoriosos e vencedores de agora. Beberam uma doutrina boa de maneira errada e confundiram vencer-se com vencer os outros, caminhar pelo tapete com "puxação" de tapete. A vida deles virou competição porque decidiram que o primeiro lugar será seu e que Deus lhes reserva um primeiro posto e uma terra prometida. Judeus e cristãos esqueceram as barbaridades que o povo hebreu cometeu em nome de Javé, enquanto buscava sua terra de leite e mel. Não devem ter lido o Livro dos Juízes. E não devem ter lido a História da Religião e das ideologias que mataram, na certeza de que precisavam abrir o caminho para a vitória, fosse ela de algum deus Moloch, Marduk, Javé ou do proletariado. Os cristãos não foram nem mais brandos nem mais suaves do que os judeus bíblicos, quando chegaram ao poder na Europa. Muçulmanos e esquerdistas ateus também se mostram prontos a perdoar os crimes cometidos por seus beligerantes, mas não esquecem os crimes contra os do seu lado. As comissões da verdade não examinam os crimes cometidos por aqueles que agora chegaram ao poder. História parcial, fé parcial.

Não estou inventando. Vi o fundador de uma novel igreja no Brasil garantir aos seus ouvintes e fiéis que Deus lhes reservava o primeiro lugar na firma, na política e no mundo, porque eles eram de Cristo. Sugeria que os de Cristo fossem lá e arrebatassem aquele posto em nome de Jesus! Antropologia, sociologia, filosofia, psicologia e cristianismo errado do começo ao fim. Assim começaram muitas guerras e quem as começou nem sempre estava lá para segurar seus fiéis que o tomaram ao pé da letra.

***

Meu livro não é uma tese de antropologia, mas bem que poderia ser; aponta para a alteridade. "Viemos depois, estamos indo depois e chegaremos depois. Alguém nos precede ou precedeu. Alguém nos supera ou superará"... Duas virtudes nos ajudam a viver estas verdades: *gratidão e humildade*. Quem não as tem, naufraga! Não se iluda com o charme dos ingratos. Mais cedo do que esperam naufragarão. Narciso não chegou à idade adulta. Descartou quantos pôde, até sobrar apenas ele mesmo para descartar. E foi o que vez, desesperado para se abraçar, de tanto que se amou.

***

Chame a estas páginas de *ascese do humano*. Não são poucos – receio que sejam a maioria – os que diante do seu eu esquecem as dimensões do coletivo. Não aceitam caber. Dão sempre um jeito de fazer o mundo, a fé e a história dos outros caberem no seu estreito eu e optam pela mais descabida das atitudes...

***

Amar-nos de menos. Avancemos para outras considerações. Milhões de pessoas se destruíram na bebida, nos tóxicos, em vida desregrada, em relações mal entabuladas, em coitadices e malquereres, porque se amaram de menos. *Para sermos felizes temos que nos amar o suficiente: não demais e não de menos.* É como beber, comer e dormir; se não forem suficientes, implodem a pessoa.

Amar-nos demais. Amar-se demais também é deletério, tanto quanto comer, beber e dormir demais deforma e degrada nosso corpo. Narciso, que há pouco lembramos, está por todos os cantos, seduzindo Eco e outras ninfas, arrasando e seduzindo homens e mulheres, com ninguém se comprometendo, exceto consigo mesmo. Por fim, mergulha desesperado atrás do seu lindo eu para se afogar em busca da própria imagem que ele nem sabia como era.

***

Ascese do segundo lugar. Estas páginas talvez ajudem na construção de uma "ascese do segundo lugar", porque chegar em segundo ou centésimo também é chegar... Feliz aquele que consegue colocar os muitos outros de sua vida antes de si mesmo. Provavelmente descobrirá sua verdadeira humanidade.

18. Pessoa e lugar

O lugar de cada qual. É bom que se diga que milhões de indivíduos acharam seu lugar. Estão bem lá onde deveriam estar e, para chegar lá, não empurraram ninguém para fora ou para a margem. Acharam seu espaço sem diminuir o dos outros. Já falamos das garças ao entardecer. Todas acham seu lugar e poucas delas brigam pelo ramo mais forte.

Mas há milhões de outros por demais apequenados. Não percebem seu tamanho e sua grandeza. Por isso ocupam lugar menor do que aquele que por mérito e direito lhes competiria ocupar. Perdem eles e perde a sociedade.

E, infelizmente, há indivíduos espaçosos demais, "entrudos" e invasores a ocupar lugares que, nem por mérito nem por direito, lhes pertencem. Descobriram o poder do marketing pessoal e de tal maneira se autopromovem que milhões de ouvidos e olhos os colocam em pedestais que não lhes pertencem. Há outros melhores do que eles. Como cortejam o primeiro lugar e suas benesses e precisam de espaço para o seu enorme ego, não hesitam em espremer e empurrar os outros para fora, no comércio, nos esportes, na política e até mesmo na religião. E, se forem preteridos, magoam-se para sempre contra quem não os incensou...

Vestidos de falsa autoridade e despidos de qualquer alteridade, deixam, na hora ou anos depois, os sinais de sua passagem. Seu caminhão entrou na garagem errada e, para isso, prejudicou o edifício da convivência...

É sobre este tema que estas páginas se debruçarão:
- relações e reações;
- mística da alteridade.

Achar o próprio assento, assumir o posto na longa marcha dos humanos, não disputar o lugar de quem quer que seja, não ser sitiado e não sitiar, situar-se como pessoa entre bilhões de pessoas, não é proposta pequena. Sem humildade, disciplina e ascese, não se consegue. A mística da alteridade foi e continua sendo o único caminho possível de convivência e de sobrevivência dos humanos.

19. Proposta irrealizável

Prossigamos!

Se, numa de suas férias, você for à praia e inventar de, ao menos uma vez na vida, contemplar o vaivém das ondas e as mutações das areias; se decidir, nesse dia, contemplar-se longamente, imite Heráclito e Parmênides e mergulhe na filosofia. Sofra de contemplação, posto que meditar é trabalho exigente e não poucas vezes cansativo. Medite e conte!

Isto! Conte! Se tiver tempo, habilidade e paciência, volte a ser criança, encha um balde de areia, arme-se de uma ampulheta, fique adulto em dez segundos e, do nascer ao pôr do sol, teimosamente conte, um por um, aqueles milhões, talvez bilhões de grãos, todos eles anônimos, todos eles extremamente parecidos.

***

Ao fim do dia, extenuado, rindo da bobagem que cometeu, talvez irado pelo exercício de paciência inútil que se impôs, terá progredido nos seus estudos de antropologia, com noção um pouco mais clara do ser humano que você é: pequeno, extremamente pequeno, mas ainda assim importante, menos do que talvez alardeie, mais do que talvez se imagine!

***

Enquanto escrevo, o mundo acaba de inteirar sete bilhões de humanos. Se um gigantesco sujeito quisesse contá-los um por um, talvez passasse por você, sem notar que passou. Você também não se lembraria do grão número 320.442 que teimosamente teria separado com aquela ampulheta improvisada...

***

Eu sei que você jamais faria isso. Mas imagine-se um entre bilhões de humanos, na gigantesca praia do tempo no qual lhe foi dado viver. Este livro passeará pelos conceitos de inclusão e exclusão. Por conta deles, o mundo se aproxima ou se afasta da paz. É tudo questão de saber incluir e excluir quem, o que, quando, como, onde e por quê!

20. Livre como um pássaro que não é livre

> As asas e a capacidade de voar fazem os pássaros mais livres, mas não os fazem livres.

A. G., aluno meu, competente no manejo das palavras mas não da filosofia, escreveu certa vez, num belo poema, que gostaria de ser livre como um pássaro, para ir aonde humanos não vão e ver coisas que humanos jamais verão.

Corrigi-o, lembrando que voar é uma coisa e ser livre é outra. De certa forma o elefante é mais livre que o passarinho. É mais respeitado e corre menos risco de ser devorado. Uma simples pelota não o tira do caminho.

Já os passarinhos, levantam-se por volta das 5h, cantam cerca de 45 minutos e começam sua dura luta por sobreviver. Buscam o alimento a quilômetros de distância, precisam olhar para todos os lados e fugir mais de 300 vezes por dia de animais maiores; principalmente dos humanos.

> Viver fugindo não é liberdade. Não deixa de ser prisão em movimento!

Propus a ele que sonhasse ser um pássaro em viagem que, entre prisões em movimento, fugas e breves descansos, trabalha o dia inteiro para sobreviver; e que escolhesse entre ser a garça que, para achar seu espaço na árvore carregada de outras garças, não derruba nenhuma outra, ou ser a garça reivindicadora e litigante que, para ocupar o galho que escolheu, derruba a que se aninhara antes dela.

Entendeu e corrigiu o poema. A parte do curso abordava o tema "alteridade e liberdade"!

21. Ética, estética e ascese

Kênosis. O leitor já ouviu falar de Jesus Cristo, que fez *kênosis* para que nós nos descobríssemos pessoas e filhos; desceu para que subamos (Jo 3,13). E deve estar lembrado daqueles mineiros soterrados por quase dois meses no Chile. Alguém desceu até o escuro onde estavam para que eles subissem para a luz. Por conta própria não conseguiriam.

Alguém maior do que eu. Também já ouviu falar de João Batista, que afirmou ser necessário que ele aparecesse menos para que Jesus aparecesse mais (Jo 30). E já deve ter ouvido de Jesus que, quem quisesse tornar-se discípulo seu, precisaria levar a própria cruz e a cruz do outros (Mt 10,38; Mt 25,21-46). Tudo isto é ascese.

***

Ascese praticou aquele senhor que, no avião do Recife para São Paulo, espremido por um jovem de 140 quilos que chegou depois e foi ajeitando seu lugar na poltrona 3b, com total indiferença para com ele que já estava na poltrona 3c.

Literalmente jogado para fora, não disse uma palavra. Levantou-se e foi para trás do avião. Explicou-se à aeromoça que lhe cedeu um dos assentos da tripulação. O piloto, sabedor do incidente, chamou o passageiro expulso da sua poltrona para viajar na cabine de comando, em assento extra que alguns aviões possuem.

A única palavra do senhor que perdeu seu lugar foi de compaixão: "Ele precisa de dois assentos e lhe deram apenas um. Então ele cavou seu espaço. Achar um lugar adequado deve ser mais difícil para ele do que para nós".

***

Ascese deriva da palavra latina *ascendere*: subir. Supõe alteridade, projeto mais elevado de vida. Vai além do *aqui-agora*! Fala de transcendência. Trata-se de possuir a chave das grades que nos cercam, saber navegar por entre os escolhos, manter-se no controle quando as ondas ameaçam levar a melhor, dominar os próprios sentimentos e canalizar-se.

Se alguém conseguir isto, estará vivendo vida de ascese. O asceta tem que ter alteridade e voltar-se mais para os outros do que para si mesmo. Filósofos conseguiram. Homens e mulheres das mais diversas religiões, a maioria dos quais nunca abriu um livro de filosofia, também conseguiram.

***

Radicais e moderados. Não é verdade que todo asceta deva ser magro, esquelético, doentio e passar de jejum para jejum. Esta é a caricatura. O próprio Jesus, que viveu e pregou ascese, tinha o perfil de homem comum, que até ia a jantares. Mas não tinha nada de seu (Mt 8,20) e era despojado. Nem por isso viveu de jejum em jejum ou fez seus discípulos passarem fome. Usou, e muito bem, do pouco e do suficiente e condenou os excessos.

Asceta é quem descobriu *o suficiente e o bastante*. Não persegue louvores nem riquezas; do pouco faz muito. Comparado aos dias de hoje, é agricultor que não desperdiça água, aproveita-a gota a gota. Jesus o definiria como o sujeito que sabe ser fiel no pouco!

> E o seu senhor lhe disse: "Muito bem, servo bom e fiel. Sobre o pouco foste fiel, sobre muito te colocarei; entra no gozo do teu senhor" (Mt 25,21).

***

Deixaram sua marca. Religiosos, políticos, autores e atores profundos deixaram sua marca no seu povo, nas suas religiões e igrejas pelo que disseram e pelo modo como passaram pelo seu próximo. Desprendidos e comprometidos, viveram para os outros e descobriram a mística do conviver: com Deus, consigo e com o outro!

***

O asceta sabe o que deixa e sabe o que procura. Destrinche os trocadilhos:

> Ele quer o mundo que "o quer", mas não quer tudo o que o mundo quer. Sabe que o mundo não quer tudo o que ele quer, mas quer para o mundo o que o mundo parece não querer. Em muitas situações ele quer o mundo que "não o quer" e certamente não quer o que o mundo quer.

***

Há o asceta radical. Há um asceta que vive em conflito com o mundo. Há o outro que sabe discordar, sem ser oito ou oitenta, até porque todo aquele que posa de oito ou oitenta, com o tempo, não acaba nem mesmo no oito! Conheça as histórias de Tertuliano e Orígenes. Eram cultos, vulcões de conhecimentos, cérebros como houve poucos entre os humanos, mas eram também radicais. Orígenes castrou-se para superar sua libido e depois forçou seu caminho até o sacerdócio. Tertuliano, um leigo, forçou tanto o conceito de ascese que acabou por deixar o cristianismo que ele tão bem defendera. A práxis o afastou da ortodoxia. Não conseguiu sair do cristianismo crucificado! Severidade demais! Melhor fez o bispo Cipriano de Cartago que pregava penitência e severidade, mas com forte acento no perdão e na misericórdia. Enquanto outros aceitavam apenas um perdão, ele ensinava o perdão tantas vezes quanto alguém frágil de vontade, mas sincero no processo de conversão, viesse a precisar. Deus tem mais do que um perdão para dar a quem erra.

***

O bom asceta sabe que não vence o mundo, mas obtém vitórias que valem a pena, quando vence a si mesmo. Ao vencer-se, mais se conquista do que vence o mundo. O falso asceta fala em derrotar os outros. Seu discurso é o do competidor que chuta e derruba o adversário. O bom asceta fala em subir para levar consigo os que desejam algo mais da vida.

**

Renúncia consciente. Há ascetas que olham a laranja e renunciam a ela por alguma razão que nem sempre explicam. Há os que colhem a laranja e se contentam com dois ou três gomos; os demais pertencem aos outros. São maneiras de possuir-se e de subir.

Enveredemos reflexão adentro!

22. DNA de alteridade

Dom sereno. Falemos de pessoas que acontecem e fazem acontecer porque são altruístas. Alguns homens e mulheres têm, dentro de si, um chamado tão forte para a solidariedade e para a alteridade que o chamado chega a parecer inato. É como se nascessem com seu DNA carregado dessa virtude.

Inserem-se totalmente no projeto social; querem para os outros o que conseguiram; querem até mais para os outros do que para si. Dedicam suas vidas para melhorar as dos outros; são felizes, mas querem que outros também sejam; pensam pouco em si e muito mais nos outros.

Dom inato? Mas engana-se quem pensa que alguém nasce com este dom. Ele vai se desenvolvendo na pessoa e, de repente, ela descobre o caminho solidário, da mesma forma que alguém que tem voz bonita descobre o dom de cantar, mas a seguir o desenvolve. Solidário não é quem nasceu bonzinho, mas quem desenvolveu o dom de ajudar os outros e optou por esta maneira de viver.

Aquele que tem voz bonita e não desenvolveu o gosto pela canção, nem o dom de cantar, terá apenas voz bonita. É assim também aquele que tem desejo de ajudar, mas não o desenvolve direito. Será apenas gosto. Nunca se tornará solidariedade, que é virtude a ser desenvolvida, fruto de treinamento e exercício constante. *Solidariedade é, o tempo todo, querer o bem do outro; não basta de vez em quando!*

Solidariedade é viver para que o outro seja feliz. É sentir-se um entre bilhões, mas consciente de que ajudará estes bilhões melhorando a vida dos vinte ou trinta que diariamente lhe passam perto. *Um pouco é tendência e outro pouco é persistência.* Pessoas solidárias são trabalhadores especializados em aproximar-se principalmente de quem precisa.

23. Ex-esboço

Delineado. Já faz tempo que você deixou de ser um esboço. Os traços que Deus foi acrescentando e que você foi agregando tiraram a sua vida da categoria de esboço. Você não foi criado de uma só vez. Foi sendo criado e acrescentado. É o processo de todo ser humano que nasce humano e vai se tornando pessoa. O projeto está cada dia mais delineado e o que está sendo construído segue não o esboço inicial que você era, mas o projeto melhorado que você está se tornando.

Aperfeiçoado. Todos os dias Deus acrescenta mais um traço ao projeto que é você. Por isso mesmo, você está se tornando a realidade para a qual foi destinado. Os cristãos dizem que Deus não cria a esmo. Não criou você por acaso, nem em série. Você é único. Não é cópia e não haverá cópia de você. No dia em que morrer provavelmente não haverá mais traços a acrescentar, mas, enquanto você estiver vivo, haverá sempre um detalhe a ser melhorado.

Traços leves. Preste atenção nos arquitetos e veja como os primeiros traços são leves, quase imperceptíveis. Depois eles ligam coisa com coisa, linha com linha, fazem compartimentos, repartições, detalhes e, aos poucos, lá está o edifício todo detalhado, medido, metro por metro, centímetro por centímetro. Mas tudo começou com o esboço, que foi sendo melhorado.

Depois do edifício pronto o arquiteto e o engenheiro mostram o esboço, a planta melhorada e os detalhes, e vêm os outros profissionais que acrescentam ainda mais detalhes. Assim é nossa vida. Alguém sempre acrescenta alguma coisa ao projeto que somos. E, se deixarmos que aqueles que entendem nos toquem e nos melhorem, chegaremos à maturidade cercados de respeito, porque as pessoas nos verão como alguém que pensa, alguém que aceita ser corrigido, alguém que se deixa melhorar.

Aceitar as correções. *Um dos piores desvios do ser humano é negar-se a ser retocado e melhorado por quem sabe mais.* É como negar-se a ser operado de hérnia ou do coração por alguém que sabe mais. Há coisas das quais precisamos e que não sabemos fazer por nós mesmos. No campo da medicina, da cultura, da fé e da psicologia, outros podem fazer por nós o que não estamos entendendo ou o que não estamos fazendo direito. Pobre e podre de quem não aceita ser corrigido. Não entendeu o que é ser humano. A primeira coisa que um bebê precisa é de correção. Em pouco tempo estabelecem-se horários para ele até que aprenda a dormir à noite, e não quando quer. Leva cinco a seis anos até que o pequeno ser humano aprenda a comer, a lavar-se, a dormir e a defecar ou urinar no lugar certo. E será corrigível até o fim dos seus dias.

Deixe-se melhorar. Se acha que pode, revista-se de humildade e deixe-se melhorar. Com a ajuda de outros que podem e sabem mais, acontecerão coisas incríveis na sua vida. Mas, se você achar que nada pode ser melhorado, que sabe do que precisa, que resolverá tudo sozinho, que seu projeto é infalível, que não precisa de retoques, considere-se um Narciso. Aquele era personagem mitológico, mas você é real. E, se não sabe, procure saber que fim levou o vaidoso Narciso da mitologia do qual já falamos anteriormente e ainda voltaremos a falar, por ser um dos mais tristes modelos de desprezo e descarte do outro. Achava-se um semideus e nada tinha a aprender com os outros. Dizem que, de tanto que se achou maravilhoso, o pobre sujeito, podre de mesmice, afogou-se mergulhando atrás de sua linda imagem.

Admita! Você é avião que nunca chegará ao destino, se não aceitar o roteiro e as correções de rota...

24. Esmagados pela vida

Não importa se vem de dentro ou de fora; fato é que milhões de pessoas carregam fardos maiores do que pensam poder levar nos ombros e fios embaralhados que sua mente não logra desembaraçar. A mente não situa, não destrincha e não classifica fatos e pessoas nas devidas pastas. O coração não dá conta de colocar cada sentimento no seu devido lugar. Razão não controla o sentir e o sentir não dialoga com o pensar.

Machucados pela inadequação entre pensamento e sentimento, ascende a milhões o número de pessoas vítimas da experiência narrada por Camões em um de seus sonetos. Vivem um sentimento que não avisa quando vem, não pede licença nem explica por que veio, dói por toda a parte e vai embora, para voltar quando menos se espera.

Para alguns são os demônios meridianos, matutinos ou noturnos. Estava tudo bem e de repente não está tudo bem. Uma tristeza sem tamanho, um desânimo sem explicação travam sua vítima nos pontos mais vitais do seu existir. O coração arrasta-se num beber por beber, comer por comer, viver por viver, porque as motivações parecem não funcionar. Alguns recorrem ao isolamento e ao mutismo, outros choram até não ter mais lágrimas. Sentem-se como cacho de uva espremido no lagar, mas do qual nem o suco se aproveita porque sai com gosto de fel.

**

A descrição da depressão pode ser exagerada e uma das suas manifestações mais cruéis é este superlativo. Parece maior e mais poderosa do que é. Se sua vítima e quem a ouve e ajuda a desembaraçar seus sentimentos não reagem ao acúmulo de informações erradas que ela passa, mais um humano ou uma humana entre bilhões acaba encurralado num canto da vida, de chave na mão e pés no acelerador, mas sem coragem de ligar a ignição. Trava!

Quando se sabe que chegou a hora de procurar o psicólogo? Quando a tristeza volta com frequência, quase todos os dias; quando os outros percebem a mudança de humor; quando a pessoa perde o interesse de ir a eventos sociais ou encontrar os amigos de ontem; quando se percebem perdas ou ganhos de peso em pouco tempo; quando comer se torna mais obrigação do que prazer; quando o sono demora a vir; quando a pessoa ou fica agitada ou parada demais; quando tudo cansa e o corpo se arrasta; quando a pessoa se sente inútil e não acredita nos elogios que recebe; quando há perceptível perda de autoestima; dificuldade de se concentrar nas leituras de livros ou jornais; desânimos e desistências a meio caminho.

Há distúrbios de humor que podem ser classificados como biológicos ou psicológicos e há fatores externos, sociais. A vítima deve sentir que é amada, mesmo se ela mesma não se ama. Se ela perceber que amigo, pai, namorado ou namorada, família, tutores não desistem dela, entenderá que tem valores pelos quais os outros acham que vale a pena lutar. A alta estima em que é tida pelos outros ajudará sua autoestima a superar sua baixa estima ou seu excesso de estima que a faz dimensionar errado tudo o que experimenta.

Há um "não sei", um "não sou" e um "não consigo" que revelam visão sadia de si mesmo. E há outro "não sei, não sou e não consigo" que apontam para visão distorcida de si. Uma coisa é o espelho que distorce a imagem e outra o olhar que distorce o que vê no espelho ou na fotografia. Uma belíssima jovem de 19 anos, encanto da família, da faculdade, dos amigos, do namorado, de repente por alguns dias se via feia, magra, horrorosa, insuficiente e caía em agudas crises de depressão. Médico sereno e competente, pároco tranquilo e bem-humorado, pais amigos e amorosos, namorado atencioso e paciente, amigos e amigas ajudaram. Seis anos depois, já formada, ela sabia não estar curada, mas compreendera o mecanismo de seus humores. Entendeu que não eles poderiam prejudicar seus amores. Vinte anos depois é uma profissional competente que sabe quando aquela dor misteriosa está chegando. Mas o conhecimento e as certezas de que ama e é amada lhe deram o controle sobre os sentimentos. Ela brinca dizendo que, como os ex-alcoólatras, também ela conhece os feitos das primeiras golfadas. Ela sabe o que beber no lugar daquele fel que a vida lhe empurrava pela garganta. Descobriu a dinâmica do *quero, não quero* e do *posso, não posso*. Depois de anos de luta descobriu também o *sei do que sou capaz*... Se a fé ajudou? Sim, porque vive uma fé serena de quem não deixa tudo para o céu resolver. Não deixa as orações e o repouso no colo de Deus, mas não esquece os colos da família e os remédios, cujo conteúdo e cujos efeitos ela conhece. Para isso serviram seus nove anos de medicina!

25. Arejar o coração

Continuemos nossa busca! Viver tem a ver com respirar: fundamentalmente! *Tornar-se pessoa tem a ver com arejar a mente. Mente fechada, pessoa limitada, mente aberta e arejada, pessoa em crescimento!...* Quem não respira o oxigênio da alteridade tem pouca chance de ser pessoa saudável. Não incluir os outros e fechar-se no seu círculo de amigos, de ideologia ou de fé é como respirar com as narinas tapadas.

Acostume-se, pelo seu próprio bem, pelo bem daqueles a quem você quer bem e para quem quer tudo de bom, a abrir todos os dias as janelas do seu coração, como faz com as da casa onde mora. Mesmo quando chove, você dá um jeito de abrir ao menos parte da casa. A casa precisa de oxigênio e de luz. Também seu coração e sua família.

Comece o dia orando, beijando e abraçando aqueles e aquelas que Deus lhe deu. Carinho é como alimento: não se prive e não prive deles os que você diz que ama e com quem assumiu um compromisso de vida.

Discordar com honestidade. Discorde com honestidade, graça, humildade e coragem de quem tem ideias políticas, filosóficas e teológicas deferentes das suas. Discorde das outras religiões e dos outros pregadores. Discorde de amigos, pai e mãe, filhos, irmãos da mesma igreja. É seu direito de profeta. Se não puder concordar, discorde. *Mas não se esqueça que discordar não é amar menos.* Se ao discordar você ficar irado e se exaltar, mude de assunto. Você não tem o direito de ferir ninguém.

Quem não respeita e deixa de amar aqueles de quem discorda, não está pronto para o diálogo. Se eles, a quem você falar, forem honestos e sinceros, aceitarão sua discordância. Se você for honesto e sincero, aceitará que eles pensem ou creiam de outro jeito. Discorde sem cair em discórdia. Fale, não se cale, mas não ofenda o interlocutor. Não se combate um erro com gritos, berros e indiretas. *Não se anuncia o Reino de Deus com cara de gorila e risos de hiena.*

26. Pessoa de bom tamanho

Sementes e mensagens. *Se o interior da semente não for mais promissor do que o exterior, ela não merecerá o nome de semente.* Toda semente precisa ser maior por dentro do que por fora, assim como toda mensagem precisa ir mais longe do que seu mensageiro. O perigo de alguém subestimar-se ou superestimar-se está nas consequências. De uma forma ou de outra, a pessoa se magoará, ou por não se achar capaz ou por não receber a justa retribuição que ela acha merecer.

Um indivíduo famoso quis ser o número um, o indispensável, o mais importante, o emblemático e o ponto de referência, porque vendeu, atingiu, agitou e sacudiu mais pessoas que os outros... Acabou em crise. Alta autoestima pode dar em depressão vindoura, em surto do tipo "Fiz e não fui valorizado" "Faço e ninguém reconhece" "Fui deixado para trás" "Fiz tanto e ninguém levou em conta". Cai na esfera do que Herbert Marcuse analisava como gratificação. Tem pouco de gratuidade.

De bom tamanho. Aquele que se acha de bom tamanho, se for elogiado, admirado, aplaudido e promovido encarará isso com naturalidade, porque no seu coração ele tem a consciência de que não é o melhor, nem o número um. Se for esquecido, secundarizado ou até ofendido, porque empurrado para a lixeira da história, também não se magoará. Ele sabe o que fez e não esperava nem espera retribuição. *Tudo está de bom tamanho para aquele que não tem grandes ambições.*

Primeiro e último. Não se julga nem o primeiro nem o último, não recebe condecorações e não é citado. Para aquele que deixou a fama e o desejo de excelência subirem à cabeça, qualquer detalhe incomoda, causa tristeza e depressão. Canonizou o destaque, e só se sente bem se receber destaque. Acontece no mundo artístico, no mundo dos ricos, na alta sociedade, no mundo dos esportes, no mundo da comunicação, nas igrejas, na política. A busca de eminência é um inimigo da paz interior.

Respiram aplausos. Algumas pessoas bebem, comem, respiram e vivem de aplausos, de elogios e de reconhecimentos. Perseguem-no de maneira chocante e nem se dão conta do ridículo em que se jogam cada vez que dizem ou fazem coisas para serem notados e aplaudidos. Se faltar aplauso, murcham como flor que não foi regada. Jesus falou sobre isso ao analisar o comportamento dos fariseus nos templos, nas mesas e nas esquinas. Disse que se era aplauso que queriam, já o tinham. Não esperassem o aplauso do céu... (Mt 6,1-2). Em Mateus e Lucas ele aborda o desprendimento e a fuga das homenagens mais de vinte vezes.

Questão de brilho que vem de dentro. Os hebreus chamavam de *kvod* a palavra que foi traduzida como "glória". Não era a nuvem brilhante; era a luz que tornava a nuvem brilhante, mas nunca foi vista. Era um brilho que fazia brilhar. Era luz misteriosa que vinha de longe e de dentro... (Ex 16,7-10; 24,16-17).

Quem não tem brilho nem viço próprio, precisa do aditivo do elogio, do aplauso e do reconhecimento. São indivíduos que não se sustêm. À falta de substância, trabalham fortemente a autoexposição. Se forem apenas ouvidos, suas palavras não terão forças. Optam, então, por serem vistos, porque apostam mais na sua imagem do que na sua mensagem. Acontece no mundo da canção, do espetáculo e até da religião. Vende-se um rosto e, com ele, a mensagem. Na era visual não imaginam que alguma mensagem chegue aonde não chegou o rosto do mensageiro.

Às vezes são pessoas de conteúdo, mas apostam fortemente no invólucro. Outras, não chegam a ser pessoas substantivas, por isso vivem do que as adjetiva. Mas não poucas vezes o adjetivo é um falso marketing que elas mesmas incentivam: *fiz primeiro, sou o primeiro, o único, o maior, o melhor, o grande, o fenomenal.* Vai se ver, não é nada disso, foi puro marketing.

Salomão viveu desse marketing. Tudo nele era superlativizado.

Tinha também Salomão quarenta mil estrebarias de cavalos para os seus carros e doze mil cavaleiros (1Rs 5,6).

E era ele ainda mais sábio do que todos os homens... E correu o seu nome por todas as nações em redor (1Rs 5,11).

Fez um rico templo para Deus, mas seu palácio foi mais rico e maior... E ele, que disse ter visto Deus duas vezes, acabou os seus dias adorando ídolos como Quemós e Astarot. Nada de novo, porque pela vida afora ele adorara a si mesmo.

Voltemos ao mito Narciso. É um mito perigoso, porque sempre achamos que o outro é que é narcisista, até que, um dia, olhamos no espelho e descobrimos que narcisos éramos nós. De tanto corrermos atrás de notoriedade, fama, aplauso e reconhecimento, nos afogamos na imagem que não conhecíamos. Afogado em busca da própria imagem. É o que acontece com grande número de pessoas que não sabem ser famosas, mas também não sabem viver sem a fama. Seu drama é não conseguirem ser elas mesmas. Não conseguiram ser um entre bilhões.

27. Ousados e criticados

Quem ousa mostrar-se, ouse ser criticado. Não se vive sem crítica, por mais cuidado que se tenha. Mas há uma diferença entre o atrevido que provoca seus críticos e o sensato que segue em frente apesar de seus críticos. Os bons e os maus são criticados. Então é melhor que sejamos criticados enquanto buscamos o bem.

O medo da crítica já levou milhões ao nada. Por medo dela milhões não fizeram o que deveriam ou poderiam fazer. Mas a indiferença em face da crítica criou milhões de narcisistas que pouco se lixam para o que a comunidade pensa. Dois extremos! Não ligar ou ligar demais para os críticos. A capacidade ou incapacidade de aprender com as críticas, até mesmo as injustas, revela a pessoa que nos tornamos.

***

Como nenhum humano é imune ao erro e como ninguém tem cultura ou conteúdo suficientes, é natural que todo aquele que empreende seja criticado. Em algum ponto do seu desempenho errará ou enveredará por pequenos ou notórios desvios.

Aí entra a espiritualidade do empreendedor. Criou partido, igreja, indústria, comércio, livro, canção, alguma forma de comunicação? Então, provavelmente queria acertar e achou que estava no caminho certo. Milhares ou milhões compram seu produto, milhões o procuram, milhões bebem da sua comunicação. Isto prova que agradam a milhões. Mas a pergunta que não se cala vem na esteira: "E quando outros milhões não reconhecem valor no que ele fez ou faz, como encara tais críticas?".

Elogio e reconhecimento confortam. É claro que ninguém empreende algo para ser criticado. Tem que ser muito desequilibrado para criar algo com a intenção de ser odiado. Os traficantes, assassinos, corruptos e bandidos enveredam por esta opção. Mas a grande maioria espera aplauso, incentivo, reconhecimento e apoio pelo que fez ou faz.

De repente vem alguém que não fez um décimo do que ele ou seu grupo e ousa criticar e dizer que falta alguma coisa na sua obra... De repente alguém exerce duras críticas a algo que está atingindo milhões de pessoas... Quem é ele? Quem é ela para falar assim de um novo produto, uma nova obra, uma nova igreja, um novo movimento? Como o outro não desiste de pôr reparos ao partido, ao modo de governar ou ao modo de pregar cresce o ressentimento. Nem o sujeito criticado muda nem o crítico se cala. O outro, de amigo que era, por criticar, discordar e ousar propor correção de rumo, passa por adversário e por inimigo, do grupo, da verdade, de Deus... A conclusão nada lógica é: como Deus está com aquela comunicação, quem a critica só pode estar com o demônio... O irônico é que, quando aquelas igrejas ou movimentos criticam os outros, fazem-no pelo bem dos criticados e em nome de Deus, mas quando alguém os critica é acusado de fazê-lo, instigado pelo demônio ou pela inveja...

A verdade é que não gostamos de crítica nem de críticos. Não nos ocorre que crítica de pai, mãe, irmãos e amigos pode ser ato de amor. Imagine o piloto que teima em não ler o painel e se desvia da rota. Imagine o colega, que também já voou e sabe voar, alertando-o para o risco de não chegar ao aeroporto! Se o piloto não aceitar a crítica do amigo, será responsável por aquelas mortes. Não querer correção de rumo por mágoa contra o colega que também sabe pilotar é loucura.

Pois é esta loucura que tem acontecido em muitos empreendimentos, governos, partidos, igrejas. Alguém que é do ramo vê o erro, denuncia e passa a ser odiado por ter dito a verdade. O sujeito persiste no erro e mais adiante perde altura e conteúdo. Jesus criticou seus discípulos (Mt 20,26). Ele tinha esse direito

(Mt 10,24). Os discípulos discordaram de Jesus, que lhes dava este direito (Mt 16,23). Na Igreja que nascia houve debates e críticas, algumas aceitas e outras não. Paulo achou que Pedro, o líder, merecia reparos por sua conduta com respeito aos judaizantes. Não hesitou em falar (Gl 2,11).

***

O cristianismo se esfacelou e pulverizou-se em milhares de seitas que também se denominam igrejas, milhares de igrejas; embora sejam fruto de separação, não admitem ser chamadas de seitas. Em vinte séculos apareceram aos milhões os pregadores e profetas, dos quais pouquíssimos aceitaram ser criticados. Deu no que deu. Cristianismo pulverizado, islamismo pulverizado, verdades e conceitos esfacelados em mil pedaços.

***

O mesmo se deu com os partidos e as correntes políticas. Na raiz estavam sempre algumas cabeças que tinham certeza de haver encontrado as respostas e o caminho, e não aceitaram críticas. Silenciaram, prenderam, mataram ou ignoraram quem tentou corrigi-los. A crítica tem sido o bicho-papão da humanidade. Poucos conseguem viver com ela. Poucos a recebem sem ressentimento.

***

Perfile mil pessoas e, de currículo na mão, primeiro elogie pessoa e obra. Depois, passe de novo e critique algum detalhe da pessoa e da obra. Quantas agradecerão as suas observações? Quantas continuarão serenas? Quantas ainda o considerarão pessoa justa?

***

Na hora do elogio dirão que sua crítica foi justa. Na hora da correção quase sempre dirão que houve exagero. Na verdade, somos seres elogiáveis e corrigíveis, mas preferimos ficar apenas com o primeiro adjetivo. A maioria dos humanos não sabe conviver com seus críticos, nem mesmo com os que os admiram e amam. É que gostamos mais do amor que elogia e aplaude do que do amor que educa e corrige!

28. Recesso após o sucesso

Escrevo para aqueles que gostariam de ser famosos e sonham com alguma notoriedade. Sonham sair do anonimato. E não se pense que é um erro. Depende do que se faz antes, durante e depois da notoriedade. Os humanos em geral gostam da relevância, do destaque e da repercussão. Ninguém grava, escreve ou publica para deixar suas obras nas bibliotecas e discotecas. Esperam que elas circulem e sejam vistas, ouvidas ou lidas por milhares ou milhões.

Aconteceu comigo, embora, acreditem ou não, eu jamais tenha procurado a fama e jamais tenha tido agentes de marketing. Foi acontecendo e as pessoas foram me reconhecendo enquanto eu viajava a convite. Prova disso é que nunca procurei televisões ou emissoras de grande alcance.

Entendo que já tive algum sucesso com minhas canções, livros e atuações e que por muitos anos, embora me considerasse apenas um entre bilhões, para milhões de pessoas fui um destaque. Hoje até me chamam de ícone. Respondo brincando que, antes da nova promoção, ando à procura de uma parede para me pendurar. Ícones têm mais a ver com o passado do que com o futuro. Imagino que passei ou estou passando, mas para muitos eu fico nas canções e livros que leram e ainda usam.

Meus admiradores imaginavam-me num palco ou diante de câmeras e microfones. Fui alguém a quem por mais de quarenta anos a Igreja deu mais chance de aparecer e constatei muito cedo que, a quem mais se deu, deste alguém se espera mais (Lc 12,48).

Vieram elogios, aplausos, amizade e fidelidade incondicional. Mas vieram apupos, humilhações, pesadas críticas, calúnias, detrações e não poucos sofrimentos. Guardo pelo menos 40 artigos contra minha pessoa, alguns escritos com ódio. Não fui e não sou unanimidade, mas posso dizer que tive e tenho mais amigos do que inimigos.

Escrevo, pois, aos que sonham ver seu nome em cartazes, em revistas ou dicionários. Alguns não escondem seu desejo até de fama internacional. Dias atrás, ouvi de alguns jovens cantores, que me viram, aos 70 anos, ser reinterpretado por milhões de jovens: "Como é que é ser famoso por quase meio século?".

Não soube responder. Disse apenas que continua a ser uma sensação mais de ser levado do que de ir. Penso no que Jesus disse a Pedro:

> Digo-te e reforço que *quando eras* moço, te vestias e andavas por onde querias; mas, quando fores velho, estenderás as tuas mãos, e outro te vestirá, e te levará para onde tu não queiras (Jo 21,18).

Penso que é sabedoria saber que passamos ou que há quem hoje repercute mais do que repercutíamos. Qualquer pregador de mídia hoje, por menos estudo que tenha e por menos teologia que saiba, atinge mais gente do que Jesus atingiu. Então a questão não é quantos atingiremos, mas como e com que conteúdo... Do conteúdo devem falar os que nos ouvem, e não nós. Lembram-se do quê? Aprenderam o quê? Depois de nos ouvirem, que ensinamento incorporaram em suas vidas? Dissemos palavras e cantamos canções que não passam?

Não me aposentei. A saúde não é uma maravilha, desde que o traiçoeiro diabetes se instalou em minhas veias, mas os pedidos de presença são tantos que mal posso atender a 5% deles.

Isto quer dizer sucesso? Significa que ainda sou útil e que não passei para estas pessoas? Significa que para as comunidades que me chamam não atingi o ocaso nem estou em recesso? Não sei dizer. Mas vejo com alegria que novos rostos apareceram e os estádios que ontem lotavam para me ver cantar e falar de família, pais e filhos, democracia, Igreja e Jesus agora lotam ainda mais para ouvir os novos pregadores.

É bom para a Igreja que a cada dez anos apareçam nomes conhecidos. Melhor ainda, quando os famosos apontam mais para Jesus e para os outros do que para si mesmos. Aí entra a eterna polêmica do marketing da fé. Até que ponto se vai? Quando se recua? Quais os limites da notoriedade? Até que ponto não é e até que ponto é concessão? Até onde vai o padre e quando começa o artista e o cantor? Ou não há linhas que nos delimitam?

Olho para trás e lembro-me da pergunta que me fez um seminarista: "Por que o senhor guardou os artigos que tentaram destruí-lo?". Minha resposta foi tão clara quanto extemporânea: "Para não esquecer que nunca fui nem nunca serei unanimidade. Jesus não foi e não é. As críticas e as maledicências que sofri me ajudaram a descobrir o meu lugar na Igreja e no país. Houve, há e haverá pessoas melhores do que eu. Guardo estas agressões para não cair na tentação do evangelho água com açúcar".

29. Substantivados e adjetivados

Não há pessoa séria que discorde. O mundo precisou e precisa de pessoas substantivas. E elas fizeram e fazem a diferença. Não precisam de artifícios ou grandes adendos porque se sustêm. É mais confiável a parede ou árvore que não precisa de escoras. Suster-se é verbo de quem tem raízes e fundações sólidas.

Pessoas substantivas não são casca, nem miçangas, nem enfeite, nem badulaque. Não passam a vida fingindo. São legítimas, densas, ricas de humanidade e de conteúdo. Pagam o preço de ser quem são: integras, sem adendos espúrios.

Sabem ser pessoas em si e para as outras. Os católicos as declaram santas. Outras religiões lhes arranjam outros adjetivos, mas trata-se da mesma veneração. Há uma luz que vem de dentro delas quando falam e quando agem. Mesmo que não sejam crentes, há conteúdo no seu pensar. De dentro delas jorram rios de água viva. São pessoas lindas, às vezes com grandes dúvidas. Mas são dúvidas bem administradas.

Os carregados de conteúdo não fingiram ser quem não eram, não afirmaram saber o que não sabiam e não simularam crer quando realmente não acreditavam. Amaram e serviram e nunca se colocaram acima dos outros, nem crucificaram pessoas. Aliás, descrucificaram!

O mundo também tem pessoas adjetivadoras. De um jeito ou de outro somos todos adjetivadores. Gostamos de colar adjetivos às pessoas que nos cercam. Há quem arranje bons e belos adjetivos para os outros e há quem arranje os piores. Insatisfeitas com determinadas pessoas, há línguas que adoram arranjar apelidos e adjetivos demolidores contra os outros. Para si reservam os melhores adjetivos. Para não parecerem tão más, admitem que 5% delas é gomo podre, mas 95% é suco da melhor qualidade. Não são tão generosos para com os outros que ousaram se colocar no seu caminho e dizer o que tinha que ser dito! Aí a porcentagem se inverte... Podem 90% dos cidadãos apostar nos valores daquela pessoa; ainda assim a língua ressentida saberá mostrar os 95% de podridão da outra e calar-se sobre os 5% de valores que ainda admite que há nela.

Incapazes de ver luz nos outros. Pregadores e fiéis de grupos proselitistas e membros de partidos hegemônicos encontram enorme dificuldade de elogiar os do outro lado. Calam-se. Mesmo que o outro tenha méritos, não elogiam a outra igreja ou o outro partido.

A maioria das pessoas adjetiva mal. Não acerta nos adjetivos para Deus, se é que se pode acertar neles; não acerta nos adjetivos para os outros e não acerta no que cola atrás do grandioso substantivo que se considera ser.

Toda pessoa deveria saber que adjetivos tentou e tenta viver. Se outros nos adjetivam bem, bom para eles e bom para nós! Se decidiram colar em nós os piores adjetivos, mau para eles, indiferente para nós, porque Deus sabe quem somos e os amigos que nos conhecem sabem os adjetivos que merecemos!

Adjetivos merecidos. A verdade é que não merecemos todos os bons adjetivos da vida, mas certamente não merecemos todos os maus. Viver é adjetivar-se aos poucos e adjetivar respeitosamente os outros. Só Deus é o substantivo que dispensa adjetivos, porque é o ser mais substancial que há. Ele se sustém. Nós, por nos faltar sempre alguma substância, precisamos de reparos, acréscimos e melhores definições.

É por isso que, para melhor entendermos Deus, arranjamos para ele adjetivos dos quais Deus não precisa. Para melhor nos definirmos, arranjamos adjetivos dos quais precisamos. E arranjamos bons adjetivos para as pessoas que amamos e adjetivos pejorativos para nossos desafetos. Raramente, aguentamos viver nosso pobre substantivo sem seus acréscimos.

É isso que somos: empadas a precisar de sabores extras, bolos a precisar de chantili... Os honestos admitem seus limites e os dos outros. Reclamam um pouco, adjetivam um pouco, mas depois perdoam e assimilam.

Adjetivar bem é assimilar. Adjetivar mal é pichar. Mas os pichadores, vale dizer, os maus adjetivadores, são sempre inferiores aos pedreiros e aos arquitetos. Estes constroem. Os pichadores chegam depois e deixam sua marca, como cães que urinam para marcar seu território...

30. Substantivos, substanciosos e substanciais

Racione comigo. Uma obra pode ser moderna, mas sem conteúdo; um culto e uma liturgia podem ser chamativos, mas sem conteúdo; e uma canção também pode ser moderna, mas sem conteúdo sólido. Modernidade não é símbolo de profundidade e de cultura. *Pessoa que aparece não é necessariamente pessoa que cresceu.*

O oposto também é verdade. Não é por ser conservador que o pregador é sólido. Seus argumentos podem até ser convincentes, mas não são necessariamente corretos. O padre que convenceu milhares de fiéis a não receberem comunhão nas mãos foi convincente, mas não foi profundo. Diminuiu a santidade das mãos e superlativizou a santidade da língua... Seria bem mais culto e sólido se entendesse que o Papa pôs e põe a comunhão nas mãos dos fiéis. O verdadeiro líder de igreja não se apega ao costume de quarenta anos atrás. Mas ele se apegou. Ficou com uma situação e a canonizou, desprezando as outras situações também válidas e oportunas.

***

Nem sempre o que se proclama progressista e avançado é culto; pode-se ser muito progressista e muito avançado e também muito superficial. Tábula rasa se diz de quem canta de um jeito moderno, mas não diz coisa com coisa. O músico que introduziu um instrumento novo na sua canção, mas a letra continua ruim e a melodia pior ainda, pode até ser moderno, porém o fato de tocar um instrumento raro não faz sua melodia melhor do que a outra, nem mais profunda.

Foi o que houve com o violinista que conseguiu criar um instrumento sonoro que não precisava de cabos para ser amplificado. Não ganhou aplausos. Inventara um som bonito, mas tocava mal...

***

Novo ou antigo não é o mesmo que profundo; diferente não é o mesmo que inteligente. Só porque a mensagem foi dita num tom diferente, ela não se torna coerente. É assim na política, é assim na religião, é assim na vida. A moça que se despe mais não é necessariamente a moça mais bonita; é apenas a mais despida. Outra pode ser mais bonita, muito mais feminina e estar vestida da cabeça aos pés.

O mundo confunde as coisas. Acentua o superficial e o visual e se esquece de colocar o acento no real e no conteúdo. Estamos nos tornando uma sociedade sem substância, vazia e sem profundidade, em todos os setores. No dizer de G. K. Chesterton, no seu livro *Ortodoxia,* estamos praticando o suicídio do pensamento. Não é assassinato porque nós mesmos resolvemos parar de pensar e optamos por viver de repetir o que todos repetem. Pensadores incomodam porque ousam perguntar por quê. E quem acha que achou e se vê como vencedor não gosta de ser encurralado com perguntas de perdedores. Afinal, ele agrada a milhões de ouvidos...

Foi isso que disse um pregador que atingia milhões de ouvintes. Ante o questionamento de outro pregador que atingia apenas os alunos da universidade, fez a desafiadora e prepotente pergunta: "Com toda aquela sabedoria, por que será que não convence nem os mil alunos de sua faculdade?". A resposta foi contundente: "É porque eu os incentivo a pensar...".

***

Nos pneus há uma válvula pela qual o ar entra e também pela qual escapa. Se o pneu tem furos, perceptível ou imperceptivelmente ele se esvazia. Assim como nossa sociedade: muitos furos e visíveis esvaziamentos. Veja quem anda falando e cantando no rádio e na televisão. De tanto impor seu jeito, criaram uma fé desajeitada. Só funciona do jeito deles! Pessoas substantivas e substanciosas são como riacho que, mesmo barrado, acha o seu caminho. As outras, menos maleáveis, arrasam com o que as incomoda!

31. Autênticos e genuínos

Notícia veiculada no dia 3 de fevereiro comparava A Gioconda, ou Mona Lisa, de Da Vinci à de um de seus alunos. Francesco Messi ou Andrea Salai teria reproduzido, na mesma época e talvez no mesmo ateliê, por volta de 1503-1506, um quadro que aos olhos do observador menos versado em cores, traços e estilo passaria por original.

O articulista deu um jeito de apimentar a matéria, falando das preferências sexuais de Da Vinci, assunto que nada tem a ver com o fato de um de seus discípulos ter feito cópia quase perfeita de sua obra. Mas é coisa de mídia... Indo apenas aos fatos, um gênio produziu uma obra autêntica e genuína e ela foi de tal maneira copiada que a maioria dos olhos a confundiria.

***

Entramos no tema que realmente interessa. Um artista dos inícios do revolucionário e criativo século XVI, reconhecido gênio da cultura e da pintura, produziu uma obra-prima que foi copiada. Historiadores relatam que, na mesma época em que outros famosos pintores como Michelangelo Buonarroti e escritores como Shakespeare, Thomas Morus, Erasmo de Rotterdam e Miguel de Cervantes produziam suas famosas obras, uma enxurrada de imitações invadiu a Europa. Repetia-se o fenômeno dos livros apócrifos da Bíblia. Por que não imitar o que deu certo? Por que não se apossar da ideia do outro como se fosse sua? Não sabemos a quantos a Mona Lisa 2 enganou, mas era cópia quase perfeita.

Naquele tempo havia porcas e más imitações e literatura de qualidade ínfima, e quando aparecia alguém genial era logo copiado e reproduzido. Também os relatos de viagens eram fruto de impostores. Nosso continente leva o nome de um pseudodescobridor que soube lidar com o marketing do seu tempo. Cristóvão Colombo foi relegado ao segundo plano e o continente levou o nome de um falastrão Américo Vespúcio que certamente fizera menos do que seu predecessor, mas expôs-se mais e soube escolher a mídia do seu tempo.

***

Não fossem os *experts*, a Mona Lisa 2 passaria por primeira e única. No mundo da comunicação acontece com frequência que um cria e outro leva os louros. Um começou, semeou, plantou e tornou possível, mas o que espertamente se apossou da ideia e a levou adiante acaba celebrado por livros, revistas e jornais como o pioneiro, o descobridor, o criador número um, quando, na verdade, é o segundo, décimo ou centésimo. Nos anos 1940, um comediante compõe uma canção cômica que nos anos 1990 outro comediante ressuscita e adapta. A mídia atribui a ele o que era do outro. Alguém faz uma canção que estoura nas paradas e logo cinquenta outros compositores a imitam, inundando o mercado de melodias e textos semelhantes. São milhares as melodias de samba, sertanejo ou religiosas que, como uvas da mesma safra, circulam como se fossem as melhores. Se for ver, apenas receberam mais marketing...

***

Não fossem os conhecedores que sabem ir à origem, vinhos, uvas, quadros, livros, canções, máquinas que não passam de reprodução e cópia enganosa passariam por produto único e obra-prima.

Colocada ao lado da obra original de Da Vinci, talvez Mona Lisa 2 até agrade mais, mas será sempre cópia. Por melhor que seja a imitação, colocada lado a lado, enganará os superficiais, mas não os que conhecem pintura. Uma tem os traços do aluno e outra, os do mestre. Mas isso pouco importa para certa mídia que se guia pelo sucesso da hora. É o que incomoda artistas, pintores, religiosos, políticos, compositores, escritores e cientistas que veem seu trabalho relegado ou esquecido, e cada dia mais superexaltado o de quem os copiou e imitou, mas não tem a mesma consistência.

O marketing derrota quem a ele não se dobra. Por castigo ele é declarado como desinteressante e, por isso, inexistente... O divulgador honesto vai às origens e resgata o autêntico e o genuíno. Cultura é isso. Só pode ser isso. A falsificação pode até se tornar sucesso, mas nunca será cultura. Cinco séculos depois, com raras exceções, sobreviveu o que era e não o que parecia.

32. As ferramentas do viver

Questão de habilidade. A depender da obra, talvez o martelo tenha que ser grande, os pregos tenham que ser cravos e os serrotes tenham que ser serras elétricas. Mas é possível, a depender da obra, construir uma casa com serrotes, martelos e pregos comuns. Dependerá do tamanho da casa e da sua utilidade. A verdade é que não é o tamanho da ferramenta que faz a obra, mas a habilidade com que alguém se serve dela.

Algumas obras exigirão grandes ferramentas, outras se fazem com pequenas ferramentas; mas não importa qual seja o tamanho, o que é preciso é habilidade. Aquele que conserta um pequeníssimo parafuso de um par de óculos certamente tem um tipo de habilidade; o que manobra uma gigantesca caçamba, cujas rodas são três ou quatro vezes maiores do que um automóvel, precisará de outro tipo de habilidade; um piloto de sofisticado avião de carreira tem muito mais botões para apertar do que o piloto de helicópteros, mas os dois precisarão de habilidade.

Pequenas intervenções. Uma vez conhecido o problema, uma pequena ferramenta ou pequenas intervenções podem corrigir o defeito. Seu carro chega ao destino porque você faz pequenos ajustes na direção e vai amoldando o pneu à estrada. São os pequenos toques na direção que fazem com que seu carro continue em linha reta. Quem tem habilidade sabe como fazê-lo; quem não tem leva o carro a ziguezague porque não conhece a leveza do toque. Os pais precisam descobrir esta mesma leveza para que seu filho não se desvie demais, por excesso de autoridade ou por falta de tato. Pense nisso na próxima vez que corrigir um filho.

33. Felizes e infelizes

Muitíssimos humanos são felizes. Os felizes são em maior número do que imaginamos. Não se declaram completamente felizes, mas seu grau de satisfação diante da vida está mais para mais do que para menos. Acharam sua família, seu lugar, seus amigos... Situaram-se.

Muitíssimos são infelizes. Os infelizes são mais do que gostaríamos que fossem. Caluniadores, ladrões, assaltantes, exploradores, vítimas de algum vício, fanáticos políticos ou religiosos não são pessoas inteiras. Algum mecanismo dentro delas as empurra para o mal, para a vaidade, para o falso pedestal no qual se encastelaram. Nunca é bom viver perto de alguém infeliz. De um jeito ou de outro ele passa seu desconforto aos que cercam. Os infelizes sentem-se sitiados ou falsamente situados: dizem que acharam vida, acharam o caminho, acharam Deus; ou não estão nem um pouco preocupados em achar o que procuram, porque, se forem assaltantes ou corruptos, já sabem de quem tomar, roubar ou desviar. Falta-lhes alguma coisa, às vezes muitas coisas, que parece ser tudo. Cada um deles é um entre bilhões. E ninguém pode resolver a sua vida, senão eles mesmos.

O bastante e o suficiente. Uma coisa, porém, é certa: os que acharam o seu bastante e o seu suficiente, e não se guiam por excessos porque acertam na dose, são mais felizes do que os que vivem do mais-mais... Os insaciáveis que vivem de mais sexo, mais satisfação, mais recompensa, mais dinheiro, mais atenção, mais sucesso, mais gratificação mostram cada dia menos equilíbrio nas suas escolhas.

Eros, Ágape e Filia. Ouvir todos já ouviram. Saber o que é, nem todos, inclusive aquele pregador que diante de milhões dizia que Filia é o amor filial... É, pois é... Mas os que vivem de

Filia e de Ágape, em geral, são muito mais felizes do que os que vivem de Eros. Os de Filia e Ágape controlam o Eros, ao qual permitem que entre em sua vida, mas em quantidade suficiente para lhe dar o devido chantili... Os dominados por Eros não têm alteridade suficiente para viver Ágape ou Filia. Estão ocupados demais em gratificar-se, em satisfazer o seu imenso ego; querem o que podem abraçar com os pés e com as mãos; querem mais do que aquilo que seus pés e mãos abarcam e abraçam; temem o impossível; não têm princípios sólidos, porque eles atrapalham seu aqui-agora-já; aparentemente nunca pensam no fim; seu fim afunila-se no seu ego.

Priorizam-se demais. Enquanto continuarem se adorando e se priorizando ao paroxismo, nunca descobrirão o sentido da vida. Jogaram fora este sentido no dia que decidiram que viver é sentir, vencer e conseguir. E não é! Prisioneiros do sucesso que alguém lhes garantiu que é a meta número um do ser humano, são corredores que chegam chorando em terceiro lugar porque se consideram perdedores; são aviões que levantam voo sem saber em que aeroporto desejam pousar; aprenderam que o passarinho é livre, mas nunca pararam para pensar na dura vida que ele leva e nas perdas que sofre.

Os perseguidores de liberdade absoluta, do tudo ou nada, acham mais depressa o nada do que o tudo. Ser humano algum é capaz do tudo e ser humano algum pode se classificar como um nada. Mas estará mais perto do tudo quanto mais incluir os outros em sua vida e mais perto do nihilismo quanto mais aniquilar e anular os outros para se totalizar.

Vítimas do excesso. Enfim, sentindo-se *um humano especial demais* entre bilhões, conseguiram ser apenas e tão somente *um humano iludido e confuso*! Pararam na estação EGO, quando deveriam passar por ela e prosseguir viagem em direção às outras estações do viver. E serão cada dia mais infelizes, se não entenderem que se apossaram de um lugar que não lhes pertence nem nunca lhes pertencerá e que há sonhos que não se deve cultivar, porque são sonhos maus.

Sonhos bons e sonhos maus. Bom sonhador não é necessariamente aquele que não deixa escapar nenhum dos seus sonhos, e sim o que fez a escolha, aceitou ajuda e foi em busca do seu sonho possível. Sábio, aprendeu a distinguir entre o sonho grandioso e o sonho possível. Foi suficientemente esperto para saber que há uma hora para perseguir um sonho e há outra para desistir dele. E foi mais esperto ainda quando descobriu a diferença entre *sonho, ambição e obsessão*. Os obcecados, quando chegam, chegam arranhados, e quando voltam, voltam estraçalhados...

34. Satisfeitos

Os contidos, em geral, são pessoas felizes e satisfeitas. Acharam o seu *satis*; descobriram o seu "bastante". Lembram as formigas que cortaram o pedaço que poderiam carregar pelos 300 metros que as separavam do formigueiro, antes da chuva do entardecer.

É graça do céu saber parar e achar a medida. Bebida, comida, sexo, afetos, dinheiro, fama, poder, fé, devoção, carreira política, tudo na justa medida aponta para uma pessoa satisfeita que alargou os seus limites, mas em dado momento descobriu a linha divisória. Se for além, será excrescência.

Quem não aceita limite e tem isso como virtude pensa nos milhões de olhos e ouvidos que poderão vê-lo e ouvi-lo, ou nos milhões que poderá ter no banco, na expansão ilimitada de seus projetos. Mira a quantidade que nunca vem espontaneamente, porque um pesado e salomônico marketing de si mesmo se encarrega do mais-mais que sua vida se tornou.

> Vitorioso porque sua conta no banco chegou ao mi ou ao bi? Vitorioso porque os olhos e ouvidos que a ele se dirigem são milhões? Vitorioso porque sua fama ultrapassou fronteiras? Vitorioso porque por onde passa as pessoas murmuram "ahs" e "ohs" felizes por tê-lo visto e conhecido? Vitorioso porque os cinco mil ouvidos de ontem são os cento e cinquenta mil ouvidos de hoje?

Era uma vez uma formiga que trabalhou duro para expandir seu formigueiro e criar novos formigueiros. Acumulou fortunas em folhas. Pensando nas futuras formigas e nas formigas errantes, trabalhou incansavelmente para criar o formigueiro ideal. Ela tinha certeza de que era chamada a revolucionar o mundo das formigas. Ela e suas companheiras.

Um dia uma formiguinha chata, dessas que pensavam antes de falar e falavam o que pensavam, perguntou-lhe de que adiantaria encher o mundo de formigueiros, se ela não era e não parecia feliz!

De que serve apontar para o infinito, se não achamos o limite? Quem quiser chegar ao infinito, precisa aprender o seu bastante e conviver com seu limite. Não há infinito para quem não administra seu limite.

Foi Jesus quem disse magistralmente: "De que adianta a alguém conquistar o mundo inteiro, se não consegue se controlar?" (Mt 16,26). A frase foi outra, mas foi isso que ele quis dizer.

35. Sentir-se amado

Há pessoas que são amadas, mas não se sentem amadas. Pelo que se constata, não basta que nos amem para nos sentirmos felizes. Teremos que sentir que somos amados e aceitar que nos amem do jeito que sabem e não do jeito que queremos. Não basta que nos deem um prato de comida. Se ela não nos apetece, porque esperávamos outras iguarias, acabaremos reclamando. O problema talvez não esteja nos outros. A mãe que fez tudo pelos filhos e, por um amor errado, até deixou que faltassem à escola, acabou agredida por filho e filha. Ao crescerem culparam-na por não ter sido como as outras mães. Na infância achavam-na a melhor mãe do mundo. Aos 25 anos, sem chances de trabalho por falta de escolaridade, eles classificaram-na de péssima. Dera-lhes o amor que queriam, mas não o que deveria ter dado. Amor é como comida e remédio. Nem que não gostemos, teremos que aceitá-los.

***

Francisco de Assis, que deixou profunda contribuição de alteridade no mundo católico, na sua mais famosa prece orava ao Senhor para fazer dele instrumento da paz do céu. E na prece, listou os seus pedidos: levar o amor onde houvesse o ódio, levar a união onde houvesse a discórdia, levar o perdão onde houvesse a ofensa e, onde houvesse dúvida, levar a fé. E seu pedido foi mais longe. Pediu para aprender a mais consolar do que ser consolado, mais compreender do que ser compreendido, mais amar do que ser amado. A oração prosseguia numa profunda catequese de interação, de gratuidade e de retribuição. Ele devia isso a Deus, porque recebera. Encontrara a paz e agora queria difundi-la.

***

Francisco sentia-se amado, mas, mesmo se não se sentisse, amaria. Teresa de Ávila também o disse no seu mais famoso soneto: ela amaria Deus mesmo se não existisse inferno ou céu. Buscava Deus como ele é e queria amá-lo por ser quem é e não pelo que ele fez ou faria. Parece que o amor, se é amor sincero, segue nesta esteira de gratuidade.

***

Acontece com a maioria das pessoas, desde a infância à mais avançada idade: muitos não conseguem situar seus *eu-me-mim*... Priorizam-se o tempo todo. Não se sentem amados, mesmo quando o são. Crianças e adolescentes, ao menor conflito ou descontentamento, jogam isso contra o pai ou a mãe. Esperavam permissão que não veio. Aquele "não" foi interpretado como falta de amor, quando era amor genuíno. Negar permissão também pode ser um ato de amor. Mas, porque a pessoa não demonstrou afeto em sinais, pela enésima vez concluem drástica e dramaticamente que não estão sendo amados. Na verdade naquele dia, nem cônjuge, nem filhos nem netos disseram palavras doces ou deram o beijo cotidiano. Faltou o sinal. Mas não faltou amor. O amor precisa de sinais, mas continua existindo se alguma vez faltarem os gestos. Os gestos foram embora, mas não o amor...

***

É claro que os gestos e sinais são importantes, mas não é porque algumas vezes não estão lá que se pode concluir que representa o fim de uma relação. A omissão constante de gestos e de afetos, esta, sim, pode significar que o amor acabou ou está hibernando. Mas, como há beijos, abraços e palavras insinceros, é preciso ir mais fundo para se saber o que mudou e porque se mudou numa relação.

> Quem quiser achar o seu lugar no coração dos outros e o lugar dos outros no seu coração, não pode recorrer, dia após dia, à chantagem do "Me dê que eu dou" ou do "Eu dei e você não me deu".

A mãe de uma jovem senhora estava na UTI, após uma delicada intervenção cirúrgica, cujo desfecho não se poderia prever. O jovem marido, educado na escola do "Me dê que eu preciso", cobrava dela, do mesmo jeito, os carinhos do matrimônio. Ela chorou copiosamente naquela noite, sem dizer uma só palavra. Ele não entendia que ela não sentia desejo de relação mais íntima diante da incerteza de vida da mãe. No dia seguinte, quando explicou o que sentia, ele respondeu com a clássica pseudofilosofia dos egoístas: "Uma coisa é uma coisa e outra coisa é outra coisa!". É de se perguntar se indivíduos como ele estão aptos para o matrimônio... A mãe dela morreu e nunca mais a relação voltou a ser a mesma. Estão separados. Ele vive com outra. Se a mãe ou o pai da outra estiverem numa UTI, o que acontecerá, caso ela não consiga lhe dar os mesmos carinhos?

**

No tempo em que ainda se serviam cervejas no avião, num voo agitado, num fortíssimo solavanco, a aeromoça caiu com o carrinho. Tudo rolou pelo chão. Ela foi lá para dentro limpar-se, posto que os sucos tinham escorrido sobre ela. Um sujeito na poltrona ao meu lado, que já consumira quatro latinhas de cerveja, ligou o sinal de quem pede ajuda. A outra aeromoça veio e ele pediu mais uma latinha. Recebeu uma resposta gentil, mas firme: "O senhor não viu o que aconteceu há três minutos atrás? Não estamos mais servindo absolutamente nada. Estamos cuidando das crianças assustadas e o senhor é adulto. Vai ter que mostrar que passou dos três anos de idade...".

Quem ouviu, aplaudiu. A tempestade quase derrubara a aeronave e ele exigia mais uma latinha de cerveja... Qualquer que fosse a razão de sua reação, a reação não era aceitável. Cerca de 120 passageiros naquele momento valiam menos do que sua cervejinha... Talvez pela resposta recebida e pela cerveja negada, não tenha se sentido amado, mas fez por merecer a reprimenda. Quis ganhar o que não deu!

36. Milhões de perguntas

Porquês e porquês. O mundo tem milhões de perguntas e milhões de respostas. As perguntas nem sempre são completas e as respostas nem sempre satisfazem. Diante das lacunas e carências do mundo, os mais exigentes buscam respostas essenciais e fazem perguntas exigentes, profundas e existenciais. Os crentes profundos, por não acharem que o mundo tenha as perguntas e as respostas que eles buscam, não hesitam em afirmar que possuem algumas respostas que vêm de fora. Acreditam em respostas que venham de alguém maior que o mundo.

Os descrentes. Também os descrentes insatisfeitos com as perguntas e respostas que ouvem, continuam buscando e aperfeiçoando suas perguntas e suas respostas, mas acham que elas estão aqui mesmo, talvez numa outra época; mas é preciso buscá-las e encontrá-las aqui. Não apostam num depois. Para eles não há ninguém antes e não haverá ninguém depois, não houve alguém antes e não há alguém agora que esteja além de nós. Apostam que não haverá alguém depois.

Para os crentes. Houve alguém antes, há alguém agora e este alguém nos espera no depois, mesmo que não nos dê todas as respostas. Este alguém ajuda o ser humano, que é extremamente limitado, a fazer perguntas e a aceitar respostas ou, pelo menos, aceitar algumas que deem sentido a sua vida.

Ateu só. Já o ateu está sozinho e sabe que está sozinho nas suas buscas. Tenta resolvê-las por aqui mesmo. Alguns ateus são excelentes pessoas que conseguem amar até mais do que muitos crentes.

Crente mal acompanhado. O fato de o ateu não crer que haja um Deus a iluminá-lo leva-o muita vezes a buscar companheiros de descrença. Crer sozinho ou descrer sozinho às vezes dói.

Mas isso não significa que todo crente crê bem acompanhado. Um grupo de fanáticos é uma companhia, mas é má companhia. Acaba derrubando torres com milhares de pessoas inocentes dentro!...

Diálogo impossível? Existe alguma possibilidade de diálogo entre os crentes e os ateus? Duas pessoas que olham em direções diferentes, na hora de convergir seus olhares, conseguirão dialogar? Tem ou não tem o não crente algo a ensinar ao crente? Tem o crente algo a ensinar ao não crente? Ser crente é sinônimo de ser pouco inteligente, tapado, desonesto? Ser não crente seria sinônimo da mesma coisa? Crer seria sinal de inteligência e não crer de pouca inteligência? Ou, ainda, não crer seria sinal de inteligência e crer sinal de limitação intelectual? Ou as coisas são mais complicadas do que isto?

Pode uma pessoa culta, inteligente, bem informada crer em Deus? Pode uma pessoa culta, inteligente, bem informada não crer em Deus? Tanto pode que existem milhões vivendo esta experiência. Leram os mesmos livros, frequentaram as mesmas universidades, tiveram até os mesmos professores, mas um não crê e outro crê.

De fato, o homem não é suas informações, e sim suas conclusões. O homem não é as informações que recebe, mas sim as conclusões que tira. Se você ontem foi ateu, pode, hoje, ser um crente em Deus. O outro, que era crente em Deus, pode, hoje, ser ateu. A resposta para a imensa maioria das pessoas deveria estar, mas não está, na verdade, e, sim, no ângulo e na perspectiva desta verdade. Uma coisa é alguém afirmar que Deus existe e que nós o encontramos, ou que ele existe *porque o encontramos*; outra coisa é Deus existir independentemente do que nós achamos ou pensamos sobre ele. Uma coisa é o ateu afirmar que *Deus não existe porque ele não o encontrou* e outra coisa é ele afirmar que ainda não encontrou o Deus que os outros dizem ter encontrado.

Duas ilusões. Para muitos ateus é ilusão alguém dizer que encontrou Deus. Mas esquecem de admitir que também é ilusão sua concluir que Deus não existe porque os sinais de sua existência não ficaram claros para eles. Ilusões de crente e ilusões de não crente...

Atribui-se a Iuri Gagarin, astronauta pioneiro russo, a frase marqueteira pró-ateísmo: "Não encontrei Deus". No voo orbital incipiente que fez dele o primeiro homem a orbitar a Terra, aceitou fazer uma declaração de ateísmo, mais ingênua do que a de qualquer bebê, mais ingênua do que a de qualquer crente. Dera uma voltinha ao redor do planeta Terra, num plano mais alto que qualquer outro homem teria dado, prisioneiro de uma cápsula que ele nem sequer comandava e achou-se no direito de declarar que não tinha visto Deus.

Pobre cabeça de astronauta sem filosofia! Nem poderia ver Deus, porque o Deus que ele quis negar estava naquela cápsula e naquelas alturas e em qualquer lugar que ele fosse. Mas ele autorizou-se a declarar que Deus não existe, porque ele, passageiro de uma nave tripulada pelos outros, não o viu. O PC, Partido Comunista, pesou em seu cérebro mais do que seu QI. Gritou uma frase de efeito, mas cheia de defeitos.

Estrelas existem. Seguindo o pequeno raciocínio de Gagarin, as estrelas Orion e Vega também não existem, porque provavelmente muitos nunca a viram. Quando Gagarin morreu em um acidente de avião, os crentes do seu país disseram que ele foi ver o Deus que ele não vira naquele voo efêmero que lhe subiu à cabeça...

> Ironia sobre ironia, ateus e crentes precisam é dialogar, porque um pensa que o outro pensa como ele pensa, mas, na verdade, nem o outro pensa como ele pensa, e nem ele pensa correto, ao achar que o outro deveria pensar como ele pensa...

37. Espaçosos demais

Mais profundo do que imaginamos, o verbo medir determina a nossa felicidade. Se a quisermos demais não a teremos, se a cultivarmos de menos também não a teremos. Talvez não gostemos de copos e canequinhas, mas são medidas. A vida é feita de medidas, porque feita de proximidades e distâncias, de satisfação e de insuficiências. Copos e canecas demais ou de menos podem significar nosso depois.

Do verbo medir depende a nossa felicidade. Amor demais não é amor, e justiça demais não é justiça. Certeza demais não é certeza e fé ao exagero não é fé. Há um gole além do qual beber se torna gula, e há um bocado além do qual comer se torna glutonaria.

A grande maioria das pessoas que cabem mal ou mediu errado ou mediu-se errado. Jean Baudrillard discorre magistralmente sobre a *Era da excrescência*. Criamos uma sociedade de excessos e vivemos destes excessos como se fossem absolutamente necessários. E não o são, por isso excedem.

**

Os que se julgam maiores do que são acabam aquém e não além da medida justa. Diminuem-se ao magnificar-se. Os que diminuem o mundo e as pessoas ao seu redor descobrem-se menores do que quando começaram. Semeiam seu caminho de desafetos. Lembram formigas que abocanham e abandonam folhas maiores do que podem carregar. Ao primeiro vento forte, com a mesma facilidade com que abocanharam, abandonam seus deveres, seu grupo, seus amigos e sua família, e correm ao encalço de novos amores, novos pesos e novas medidas.

Debalde! Não se fixam! Um a um e uma a uma, seguem abandonando tudo pelo caminho. Fingem ser, mas é visível seu desequilíbrio. Compram mais do que usam. E o pior é que também não dão. Simplesmente amontoam. E não saberiam explicar por que compram e não usam. Não são felizes.

**

Não se contêm por uma simples razão: não sabem se conter. Incontidos e incontinentes, lembram os caminhões de cereais que perdem a carga a cada solavanco da estrada e chegam mais vazios do que quando partiram...

No coração dos desmedidos não cabe a palavra *suficiente*. Não admira que cada novo amigo que fazem empurram para fora alguma velha amizade. Tudo neles é efêmero e passageiro, exatamente porque perderam a capacidade de se dimensionar e de se redimensionar. Não captam o tamanho do mundo ao seu redor, nem a própria dimensão, e simplesmente não conseguem se ver diante do ilimitado e do infinito. O ilimitado são eles! Pensam ser...

**

A formiga na montanha jamais terá noção do seu tamanho, em face da montanha onde está seu formigueiro. No meio do formigueiro ela sabe que é apenas uma entre milhões. Mas talvez tenha suficiente noção de seu tamanho em face das formigas que encontra. Raramente se vê duas formigas a disputar um pedaço de folha. Talvez tenham a noção do bastante e do suficiente. Formigas que cortam folha maior do que poderiam levar são exceção à regra.

Não é o mesmo mundo dos humanos. Entre nós abundam os narcisos os pigmaleões, as pandoras, e os semideuses que não se sentem meros homens, mas não conseguem ser Deus. Pegam mais, cobiçam mais, abraçam mais e acumulam mais. Querem mais do que precisam. Sua vida não tem meias medidas. São exuberantes e excrescentes. Seu mais nunca é demais para eles, embora milhões de olhos estejam a ver que eles passaram dos limites.

38. Pessoas açambarcantes

O verbo dos invasores e incontidos é açambarcar, mas preferem o verbo conquistar. Parece mais heroico! Por isso "conquistam" um lugar, um território, um espaço, ou almas para o céu. Na verdade conquistam para si mesmos. Um e outro talvez até conquiste para Deus e para seu povo, mas milhões são açambarcadores, porque, no processo de conquistar, destronam, derrubam, empurram os outros para fora e tomam o que já era território alheio. Apossam-se. São invasores! Lembram a tribo de Dan que parecia amiga, mas massacrou a pacífica cidade de Laís. Mataram a sangue frio por emboscada e ainda acharam que Deus lhes dera aquela vitória.

***

Na maioria das vitórias faltou a dimensão de si e do outro. Sentindo-se mais competentes, maiores, mais poderosos e mais eleitos, esmagam a concorrência, ou a outra fé. E jogam duro e sujo, mas fazem cara de anjo. Lembram o elefante do desenho animado, feliz por ter achado seu espaço e indiferente aos que ele esmagou para caber onde coube. Ou lembram o leão que rugiu e amedrontou os pequenos e indefesos, e açambarcou o novo espaço no urro e no grito.

Faltou o "bastante"! Deve ser por isso que elefante tem cara de quem não fez nada de errado e leão nunca sorri, apenas boceja.

> Ontem, pela enésima vez passei pelas espatódeas que sombreiam a entrada do instituto onde moro. Só ontem me dei conta da catequese que elas trazem em si, da raiz até a copa.
> Florescem uma vez ao ano por muitas semanas, ostentam as mais diversas cores e convivem maravilhosamente bem no jardim no qual fazem a diferença. Perdem seus galhos,

mas os repõem e, para subir, primeiro firmam suas raízes. Estão lá há mais de trinta anos porque têm substância e raiz.

O vento lhes quebra alguns galhos e leva algumas folhas, mas elas estão lá firmes e serenas. Não improvisam, não são superficiais nem apressadas. E daí, se elas não dão frutos? E quem disse que as flores e as sombras não são seus frutos? Espatódeas são abrangentes, mas não açambarcantes. Há lugar para outras árvores ao seu redor...

Não seria nada mau se aprendêssemos com elas.

Plenos de ascese

39. Sofrimentos inaceitáveis

Os sofrimentos não são iguais. O sofrimento existe, é coletivo e é individual. Tudo que é vivo tem maiores ou menores sofrimentos. Às vezes a dor de corpo ou de alma é tão grande que se torna insuportável. Não são iguais as reações ao sofrimento. Milhões de pessoas o assimilam. Esperneiam, mas acham um lugar para ele. Espelham-se na vida dos mártires, principalmente Jesus de Nazaré, que para os cristãos é o mártir dos mártires. Para o cristão a dor pode não ter, mas dá-se a ela, um sentido, como se tempera o que engolimos. O amargo pode acabar tolerável quando se entende seu porquê.

Mas nem todos os sofredores são estoicos. Muitos esperneiam e blasfemam. A dor pode existir, mas não neles. Baqueiam sob a própria cruz ou diante da cruz de algum ente querido. Foi o que levou muitas mães, filhas, filhos, muitos pais e esposos a deixar a religião que não lhes dava respostas. As das outras, mesmo se fictícias, ao menos eram respostas. Não aceitaram que alguém não lhes explicasse a dor que sentiam. Quem explicou, mesmo que fantasiosamente, levou seu coração. São milhões os que vão orar em outros templos e ouvir outros pregadores, quando a dor não lhes é explicada da forma que desejariam ouvir.

Encantam-se com quem ousadamente promete que não mais sofrerão. Ouvem os testemunhos de quem não mais sofreu naquela igreja e apostam que Deus lhes tirará suas cruzes porque o pregador prometeu. Mas não conseguem perceber que o mesmo pregador que garantiu que seriam curados tem mãe, esposa ou filho internados num hospital. Não conseguem a cura para eles... Quando descobrem que não é bem assim, ou se decepcionam, ou voltam para sua antiga fé, finalmente.

***

Rompeu com Deus. Dizia Irene, uma jovem de 28 anos: "De agora em diante é Deus lá, onde ele existir, se é que ele existe, e eu aqui. Porque ele não fez nada por meu pai. Deixou-o morrer como um cachorro, de câncer no esôfago. Estou de mal com o teu Deus, e para sempre! Já nem me importo se um dia vou vê-lo ou não. Ele me liquidou, quando esmagou meu pai. Se era para eu passar por isso, preferia não ter nascido. Não acredito num Deus que poderia tirar a dor de um homem bom como meu pai e não fez nada por ele".

L. F., um pai que perdeu a filha por estupro e violência, disse a mesma coisa; não aceitaria mais nenhuma religião na sua vida. "Aceito você como meu amigo, porque já deu provas de que me ama além da religião, mas, por favor, não tente me empurrar sua religião. Aceito sua amizade, mas religião é assunto entre mim e Deus. E, se Deus existe, sabe que eu não quero mais nada com ele. Se ele me fez livre como vocês ensinam, então estou usando de minha liberdade. Não quero conhecer quem me dá uma filha e a leva dessa forma!".

Perdeu a fé. Recentemente um autor de estudos bíblicos, pastor evangélico estudioso, publicou seu livro testemunhal, no qual disse que não acredita mais em Jesus, no cristianismo e em Deus. Perdeu a fé diante do sofrimento; chama-se Bart Herman. O livro é *O problema com Deus*. Um homem de religião que conhece a Bíblia como poucos, pesou os prós e os contras dos textos e concluiu que a ideia da existência de Deus é boa, mas é só uma ideia. Ele realmente não existe. Perdeu a fé num Deus que permite o sofrimento.

***

Sem argumentos. Não adianta brigar ou argumentar. As pessoas têm reação intelectual, afetiva e, em geral, irada e altamente emocional diante da própria dor ou diante da dor de alguma pessoa amada. E, como lhes foi ensinado que Deus se importa, evidentemente, para elas, Deus não se importou. Se Deus é poderoso, não fez nada; se podia fazer e não fez, é omisso. Não querem saber do plano de Deus ou do lado bom de qualquer dor. Para elas, a dor é algo ruim; não aceitam argumentar. É sempre uma experiência pessoal. Quando ela vem, o coração reage.

***

Os que gostam da ideia do crente vitorioso que esmaga o demônio em nome e Jesus terão que explicar o sofrimento dos bons. É derrota? Vem daqui? Deus permite? Vem do demônio? Está certo o pregador que diz que o câncer e a embolia pulmonar são obras do demônio? É o demônio que manda a geada que acaba com a plantação do crente em Jesus?

***

Não se pode deixar tudo apenas no plano racional, nem tudo apenas no plano emocional. Se a pessoa quiser conversar, conversamos; se não quer, postamo-nos *ao* seu lado sem necessariamente estar *do* seu lado; ao pé da sua cruz, sem fingirmos que a entendemos, sem dizer palavra: solidários. Tudo isso porque a dor é um mistério, da na mesma forma que o prazer e o amor o são. Assimila-se ou não se assimila. O resto é entre eles e Deus.

***

O Livro de Jó. Não faço parte nem compactuo com os religiosos que, tentando explicar o sofrimento e aliviar a dor alheia, colocam palavras na boca de Deus. Lembram os três debatedores ao lado de Jó. É um dos livros sapienciais mais filosóficos da Bíblia. Poderia intitular-se "Filosofia do sofrimento".

Elifaz, Bildade e Zofar acharam todas as explicações possíveis para as dores de Jó. Uma por uma vinham as explicações, cada qual mais absurda: *era a vez de Jó sofrer; Jó sofria porque pecou; Jó tinha se afastado de Deus; Jó teria que abandonar o pecado para se curar; quem é mau sofre a vida inteira...* Eles sabiam dar a resposta certa. Jó, o sofredor, teria que se calar, porque de sofrimento eles entendiam...

Maldição dos antepassados? Segundo eles, Jó sofria porque ainda não se entregara a Deus, sofria porque fora infiel. Deus é fiel e quem é fiel a Deus não sofre. Deus não é injusto com ninguém. Então, se Jó sofria, era porque Jó aprontara alguma coisa; ou a culpa era por conta da maldição dos seus antepassados... Anunciavam um Deus vingativo que persegue o pecador e seus descendentes...

***

Assunto pessoal. Finalmente, Jó se volta para Deus e discute sua dor com o próprio Deus. Os amigos davam respostas superficiais demais e fora da realidade. No livro, pouco a pouco Jó começa a entender que a dor é um mistério que se assimila, mas não é de fácil explicação. Deus irou-se com Elifaz, Bildade e Zofar porque puseram palavras na sua boca e inventaram para Deus intenções que ele não teve e não tem. Jó perdoou seus amigos falastrões que achavam saber o que é o sofrimento e orou por eles...

***

Ainda hoje... Um perpassar por canais de rádio e de televisão e por templos de hoje mostrará os novos Elifaz, Bildade e Zofar em ação, a quebrar a maldição dos antepassados, a garantir que sabem por que alguém sofre, a prometer que Deus curará quem se entregar a ele e a pôr a culpa no demônio ou em alguém que já morreu. Ouvem-se as respostas mais estapafúrdias e superficiais. Colocam na boca de Jesus respostas que uma simples leitura dos evangelhos mostra que ele jamais diria. E quando o fiel não é curado e a dor não vai embora, acham um jeito de se sair bem, dizendo que Deus não quis e que foi melhor assim. Nunca admitem sua ignorância e seu erro.

Suave charlatão. O pregador que fez uma novena pelo rádio, garantindo que Deus nunca se nega a atender milhões de mães em oração, induziu aquelas mães a dobrar a vontade de Deus a respeito de uma criança na UTI. Segundo ele, Deus não resiste à oração de um coração materno... Chamou as mães ouvintes como cúmplices da mãe súplice. Por uma semana, a audiência subiu espetacularmente. Acompanhei o episódio. Quis ver como aquilo terminaria, já que, se falasse antes, não seria ouvido. E mesmo falando depois não seria, porque há um tipo de fiel que tudo condena no que o faz pensar e tudo perdoa no que o faz sentir-se bem.

As cartas abarrotavam os enormes caixotes da emissora. Ele, como novo Elifaz, do capítulo 15 do Livro de Jó, garantia que sabia do que falava. Se Jó fosse dócil, ele se curaria. Se as mães fossem dóceis e orassem, Deus salvaria aquela criança. Pôs na mente e na boca de Deus o que Deus não lhe autorizara dizer.

As mães foram dóceis e choraram e oraram. Uma delas me contava tudo o que se passava naquelas manhãs de espera pelo milagre. Foi tudo muito lindo, mas quem conhece pregação religiosa emotiva e Bíblia sabia no que aquilo iria dar. Se a criança se curasse, a aura do pregador aumentaria e ele seria visto como o motivador do milagre. Repartiria com as mães aquela graça e o programa subiria para a estratosfera, porque as preces feitas por eles salvavam vidas. Se a criança morresse, ele saberia explicar. As ouvintes entenderiam.

O milagre não aconteceu. No sétimo dia, ele noticiou de maneira emotiva, triste e fúnebre que a criança morrera. Deus a quisera consigo! Todas as mães foram induzidas a orar conformadas e, no dia seguinte, não se falou mais no assunto... O circo prosseguiu. Está aí um exemplo de manipulação da dor alheia. O pregador achou seu lugar na emissora; só não achou seu lugar entre bilhões de humanos, para quem achar um lugar para a dor é achar um lugar para a compaixão e para a prudência.

Não se manipula a esperança de mãe que chora! Na busca por audiência, faltou ética e teologia naquela cabeça! Admitiu seu erro? Não. Tempos depois rompeu com a emissora, acusando-a de falta de ética!... Ele que não a tivera em vários episódios de manipulação da fé do povo.

Fez o mesmo o pregador que distribuía garrafas de "água orada"! Nestes tempos de fé urgente e fértil, são milhares as novas terminologias. Água orada seria a água abençoada pelo pregador, água que o fiel leva para casa para curar alguém.

A senhora comentava pelo rádio que sua netinha se curara da coqueluche, mas agora estava sempre com diarreia. Pedia orações. O pregador perguntou sobre a água orada que ela levara e guardava na geladeira, dando uma colher daquela água toda vez que a criança tivesse tosse comprida. Fazia três meses que ela usava aquela garrafa...

Estava ali a resposta. Bactérias... Qualquer agente de saúde saberia que a diarreia incurável da criança estava naquela garrafa de água orada... Eram bactérias abençoadas que supostamente curavam a coqueluche, mas atraíam o "demônio da diarreia". A fiel e o pregador, pelo modo de falar, transpareciam seu despreparo e sua falta de leitura ou de escolaridade. Era uma fé sincera, mas excessivamente imaginada e desinformada.

Se o livro de Jó mostrava três sabichões que de tudo entendiam, o rádio não poucas vezes mostra gente piedosa que de nada entende, mas decide que Deus dará um jeito. A verdade é que nem toda bênção livra de bactérias e fungos uma garrafa com água de três meses de validade vencida...

40. Indivíduos predestinados

Especiais e marcantes. Os americanos chamam tais pessoas de *remarcable*! Às vezes de *big shot*. Os italianos as chamam de *pezzo grosso*. Naquelas culturas há pessoas dignas de ser sinalizadas porque são tiro certeiro, gente que deu certo ou é peça impossível de não ser notada. Ou são notórias ou notáveis.

Pense comigo nesses indivíduos especiais que criaram coisas especiais. Fundadores de confrarias, lugares de oração, movimentos de fé, igrejas, obras sociais de vulto movimentaram milhões de pessoas e, ainda hoje, depois de mortos, seu nome movimenta milhares. Vão lá onde está sua obra ou seu corpo.

O que fizeram de especial? Criaram um jeito de louvar, de adorar, de cultuar. Desenvolveram uma fé ou alguma devoção. Criaram novo jeito de servir. O que conheceram estava bom, mas poderia ser melhor. Então, fundaram algo novo. E foram seguidos por milhares de irmãos e irmãs que apostaram no seu jeito de crer e falar de Deus. Semearam certezas. Plantaram esperanças.

Seus seguidores os chamam de predestinados. Garantem que foi Deus quem quis aquela obra ou aquela igreja. Mas quem conhece o poder da persuasão e da ciência do marketing sabe se aquela pessoa foi escolhida e chamada por Deus, ou se foi fruto de marketing bem urdido.

Há uma enorme diferença entre a semente que nasceu e cresceu quase sem chuva e sem cuidados e medrou para se tornar árvore frondosa, e a outra que foi regada, cultivada, adubada e celebrada. Uma delas foi obra humana. A outra é difícil de explicar. Houve fatores externos que lhe deram vida. A mão do homem não interferiu.

Intenso marketing da fé. Quando vejo o intenso marketing de algumas igrejas e o acento escandalosamente excessivo no pregador e na sua obra, pergunto: "É fruto do céu ou de marketing da fé?". E fico sem respostas, mas não fico sem perguntas. Nem tudo o que se atribui a Deus foi ou é vontade dele. O comunismo também cresceu de maneira impressionante de 1917 a 1980. Caiu vertiginosamente a partir de 1983. É difícil crer que Deus tenha suscitado homens que massacraram e mataram para conseguir seus objetivos. Atingiram quase um bilhão de pessoas.

Está aí algo da Bíblia do qual os judeus e cristãos de agora discordam. Deus certamente não estava com Moisés, nem com Davi, nem com os já mencionados Danitas, nem com Sansão, quando mataram em nome dele. Se podemos escolher textos bíblicos, fiquemos com os que apontam para o Deus perdoador, e não o que aprovava massacres. Hoje sabemos perfeitamente que, quem chama Deus como abençoador de seus desmandos, está caluniando Deus. Usa do santo nome para seus desmandos, suas mentiras, suas estatísticas visivelmente falsificadas e seus crimes.

41. Plenos de ascese

Era uma vez três crianças que, ao crescer, conseguiram ser pessoas plenas. Um jovem negro que desde menino sonhava fazer alguma coisa pelo seu povo tornou-se adulto querendo fazer alguma coisa pelo seu povo. Assim que lhe foi possível revelou-se um lutador pela paz. Pobre e prisioneiro, mas decidido a fazer alguma coisa para o seu povo, tornou-se famoso e poderoso. Venceu. Mas assim que chegou ao poder e libertou seu povo, entregou o poder aos companheiros e continuou pobre. Seu nome: Nelson Mandela. O poder não o corrompeu. Não se tornou ditador. Era de formação cristã anglicana.

Era uma vez um menino franzino, de família de posses. Num ambiente de muita pobreza, sonhou ser alguém para os outros. Inspirado em São Francisco, renunciou à riqueza e aos bens que poderia ter. Tornou-se um jovem sonhador, entregou-se ao sacerdócio católico, passou a vida lutando pelos pobres, pelos sem-teto e pelos deserdados. Jamais guardou para si alguma riqueza. Não tinha nada de seu. Morreu sem nada. Quando se tornou famoso, pôs tudo a serviço do seu povo. Não tinha casa, nem carro, nem bens de espécie alguma. A fama não mexeu com ele. Seu nome: Dom Helder Câmara, católico.

Certa vez num país pobre da Europa uma menina pobre se tornou religiosa. Seria educadora. Não tinha sonhos de fama nem de riqueza. Mas ficou famosa por cuidar de pobres na rua, num país estrangeiro. Recolhia todos os miseráveis, dando a eles a riqueza de um abraço, de um afeto, alimento e conforto. Ajudou a viver e a morrer. Ela mesma era pequeníssima. Mal chegava a 1,40 m. Andava curvada de tanto cuidar e tirar pobres das calçadas. Seu nome: Teresa de Calcutá.

Era uma vez, através dos séculos, inúmeros pregadores religiosos que queriam fama e chance de atingir milhões de pessoas.

Para isso precisaram de muito dinheiro. Alguns deles tornaram-se famosos e ricos. Tiveram do bom e do melhor: casarões, palácios, castelos, verdadeiros monumentos de obra de arte.

Alguns eram cardeais, assalariados do rei; outros, bispos, outros fundadores de igrejas cristãs. Nada lhes faltou. O dinheiro veio em grande quantidade. Sobre eles é melhor não falar muito. O tempo se encarregará de contar quem eles foram, o que fizeram e o que deixaram para a posteridade. O que sabemos é que, enquanto estavam vivos, tiraram para si o maior proveito. Quiseram ser famosos, ricos e poderosos, e foram. Tomara que estejam certos, porque há centenas de passagens dos livros que apontam para Jesus que disse que o caminho para ser pessoa plena não passa pelo acúmulo de bens nem pelo tamanho da conta no banco!

42. Humanos e funcionais

? e ! Acredito num aqui nascido de um porquê com ponto final rodeado e cercado de milhares de porquês exclamativos e desafiados por outros milhares de porquês interrogativos. Não consigo imaginar a vida sem esses porquês.

Considero a vida uma aventura funcional. Havia, houve, há e haverá um porquê para cada vida neste mundo, mas, de todas as vidas, entendo que a humana é a mais funcional. Fui criado por alguma razão e por alguma razão nasci nesta família, neste tempo, nesta era, nesta hora.

***

Por alguma razão vivi até agora e por alguma razão morrerei, não sei quando. Acho que meu aqui e agora é funcional. Deus, o criador, em quem eu acredito, queria de mim um resultado ao me pôr neste planeta. Sei que não correspondi a todas as expectativas de quem me criou, mas fui, sou e serei feliz todas as vezes que eu conseguir ser funcional; isto é, quando a minha vida deu, dá e der certo em favor dos outros.

Por causa dos outros. Disso tenho certeza: fui posto neste mundo por causa dos outros; nasci de dois outros, cresci no meio de inúmeros outros, vivo no meio de milhões de outros, falo a milhões de outros, motivo milhões de outros e, certamente, quando ficar enfermo, precisarei de alguns outros.

Alguns outros me levarão ao túmulo quando eu morrer. Disso eu não tenho dúvida. Fui criado em função dos outros. O mesmo acontece com todos os outros seres humanos que vieram a este mundo. Por isso, uma das coisas mais ridículas e tolas que há é alguém gastar milhões consigo mesmo; erguer palácios para o próprio deleite, fazer templos para o Senhor e casas ainda mais ricas para si mesmo.

Sucesso que enlouquece. É uma forma de loucura criar para nós cem ou mil vezes mais conforto do que para aqueles que nos ajudam a manter vivos e a ganhar a vida; é loucura puxar para si fama, honra, glória, dinheiro. É a disfunção levada ao paroxismo; histeria no mais perigoso dos graus.

***

Funcionais. O ser humano funcional fica feliz com pouco, reparte do seu excesso e raramente tem excesso. Se acumula mais do que precisa, vai repartindo, à maneira que recebe. Repitamos o que já foi dito: descobriu o bastante e o suficiente e sente-se pleno, apesar de todos os seus limites. Realiza-se a partir de cada ajuda que oferece. São como árvores que, mesmo não dando tantos frutos como davam, continuam dando sombra. Mesmo infrutífera, ela não se sente inútil. Já refletimos sobre árvores e raízes...

Funcionalidade. Comprei, meses atrás, um relógio que parou de funcionar no terceiro dia. Se é relógio e não demonstrou funcionalidade é porque não houve conexão entre o mecanismo e a pilha. A energia não chegou a ele. Mesmo com nova bateria não funcionou. Alguma coisa emperrava o seu mecanismo.

Na prece noturna lembrei-me do relógio que não me dava as horas. Então eu disse a Deus: "Senhor, eu não quero ser como este relógio. Mecanismo eu já tenho. Concede-me não desconectar-me da tua graça e da tua energia. Só assim funcionarei a contento". Como acredito em Deus, acho que ele me ouviu.

Viver do ser. Humanos com disfunção recusam-se a viver do ser. Negam-se a funcionar. De certa forma decidiram não ser quem deveriam ser. Porque não deu certo um amor, um afeto, ou alguma coisa na sua infância ou adolescência, decidiram parar de respirar, não pelo nariz, porque por ali ainda respiram; mas seu espírito não mais respira bem, porque não absorve o ar puro dos porquês da vida.

Os que se cansaram do porquê interrogativo não chegam nunca ao porquê exclamativo. Vivem um porquê fictício e cheio de reticências. Ficam doentes e não tomam remédio; não se tratam, não se alimentam, não se cuidam, não se produzem nem por fora nem por dentro. Sua vida é um *tiro avanti*, como dizem os italianos: arrastam-se para a frente cheios de tanto faz como tanto fez.

Insuficiências. E acabam fazendo o insuficiente, primeiro por si mesmos, depois pelos outros. São pessoas insuficientes. Embora estejam bem das pernas, precisam ser ajudadas o tempo todo. São mais puxadas ou empurradas do que vão. Falta-lhes um motor interno.

Na escala da vida são mais carros de boi do que automóveis. Sem motor, precisam ser puxados. E quando vão, seguem resmungando e rangendo, como se fossem pessoas pesadas demais, como se não quisessem ir. Pessimistas ao extremo, com a maior facilidade jogam a culpa de suas infelicidades nos outros. Se alguém os ama, agradecem a seu modo, mas tanto faz como tanto fez... Não procuram ninguém. Lembram carretas que ficam ali paradas, se o cavalo mecânico não vier buscá-las. Tão grandes e tão sem mobilidade!

Viver sem viver. Milhões de pessoas vivem sem querer viver. Para elas, tanto faz a vida como a morte. Então, vivem uma vida de morte, ou uma morte em vida. Algumas delas são jovens e um dos maiores causadores de vidas mortas ou de mortes em vida chama-se droga; ultimamente responde pelo nome de crack...

43. Espiritualidade

Espiritualidade tem a ver com a capacidade de conviver com o vento que sopra de lado, de baixo, de frente, à ré e de cima. Aviadores, marinheiros, baloeiros e navegadores sabem que os ventos não sopram somente neles e para eles, sopram em todos e para todos. Mas, como aqueles ventos sopram também sobre eles, como primeira regra, aprendem que precisam saber o que fazer com seus veículos, quando o vento sopra; e como flutuar ou navegar sem colidir com os outros, nem se espatifar nas ondas, na rocha ou no solo.

Espiritualidade tem a ver com sopro do alto e da terra e com o que o indivíduo soprado faz com ele. Só pode dizer que tem espiritualidade o sujeito que, ao invés de ser soprado pelo vento e ir aonde o vento vai, aprende a ir onde deve ir, sabendo valer-se do vento. Uma coisa é deixar-se levar e ir e outra é ser empurrado e não saber como e para onde ir.

**

Levados pelo vento. Os navegadores e pilotos que chegam ao porto e ao aeroporto que buscavam, chegam porque sabem a que altura ou profundidade vão, conhecem os canais e os ventos e sabem fugir ou utilizar a força das ondas e das correntes do mar e do céu.

Quem sobe sem saber por que subiu acaba levado pelo vento, como fez aquele infeliz pregador da fé que subiu em balões, por entre câmeras e aplausos, e foi achado morto no mar, por entre piadas e risos de quem o viu subir sem saber por que subia, nem como desceria. Literalmente, deixou se levar pelo vento... Há crentes que fazem o mesmo. Deixam-se levar por qualquer vento da hora e dizem que é o Espírito Santo....

Vento? Que vento? Há igrejas e grupos de igreja que, de certa forma, pregam esse tipo de espiritualidade. Sobem por entre glórias e aleluias e aplausos, mas de qualquer jeito e sem saber ler os sinais e os ventos. Preste atenção na espiritualidade festiva de alguns templos, pregadores e fiéis... Eles forçam o vento.

44. Pessoa não noticiada

Não deu manchete. No Pará, no curto espaço de um ano, uma tribo de índios perdeu seis membros por assassinato. Não recebeu cobertura jornalística. Nenhuma. Os índios procuraram os jornais, mas a notícia não saiu de lá. Alguém do sul não a repercutiu e o país não viu. Mas a morte do rapaz da alta sociedade carioca repercutiu no país inteiro. Deveria repercutir. O injusto está não no fato de que o menino rico morto covardemente causou comoção. Está no fato de que os seis índios eliminados e os pequenos de 12 e 7 anos que desapareceram não tiveram a mesma cobertura. Não chegou à redação?

Deu manchete. Noutra data, outra notícia durou exatamente 18 segundos. Um ex-marido ciumento matou sua ex-mulher. A seguir veio outra notícia de 12, outra de 28 e outra de 50 segundos. Tudo resumido, ao gosto do editor, que achou que aquilo era suficiente para dar uma ideia do que aconteceu.

Cultura dos 30 segundos. Carl Sagan, num dos seus livros, fala da cultura dos 30 segundos da mídia moderna. Os editores sabem em detalhes o que realmente aconteceu, mas dão para o público um resumo que, na verdade, não retrata nem resume o que aconteceu. Então, o telespectador adivinha o antes, o durante e o depois daquele crime, ou daquele encontro de presidentes. Não temos os dados para opinar. Então, opinamos em cima da opção do editor.

A mídia moderna parece o garçom que serve o que quer, na quantia que ele escolhe e não o que queremos, na quantia que queremos. Nisso, redatores e pregadores da fé se assemelham. Interpretam e passam adiante não os fatos, mas sua interpretação e seu resumo.

45. O próximo que se chama outra

Mulheres. Não temos que lhes dar um lugar. Não o possuímos para dá-lo. Já pertence a elas. Temos, todos, é que permitir que o ocupem, num mundo que, em grande parte, passa por seus lábios, por seu corpo, por seu ventre e por sua cabeça.

Observa Karen Armstrong, no seu excelente e erudito livro *Uma história de Deus*,[1] que, em algumas culturas, as mulheres se mostraram mais fortes que os homens. Quando não mais fortes, eram iguais. Tendo as deusas como modelo, as mulheres eram influentes e tinham o comando e até o trono.

Deus masculinizado. Segundo Armstrong, depois que Deus se masculinizou e ninguém mais o viu como alguém acima do masculino e do feminino, as mulheres foram silenciadas ou submetidas ao Deus com jeito e cultura de homem e, por conseguinte, submetidas aos homens. Em Israel ainda havia mulheres fortes como Ester, Judite, Rute e Noemi, mas a tendência, como na Grécia, era submeter a mulher aos afazeres de menos monta, embora indispensáveis. Têm havido mudanças, mas à custa da derrocada de muitos lares. Talvez nem elas nem os homens estejam prontos para a *igualdade diferenciada*.

Identidade. Foi, é e será o grande desafio para a mulher e para o homem. Cada um achar o seu lugar e cada qual dar às mulheres ou aos homens de sua vida o devido lugar. Mas, enquanto ele e ela forem reduzidos à pequena dimensão de um corpo, do qual se exaltam algumas partes; enquanto se idolatrar homens e mulheres por medidas de cintura, de órgão genital, de

---

[1] *Uma história de Deus*: quatro milênios de busca do judaísmo, cristianismo e islamismo. São Paulo: Companhia das Letras, 1998.

seios e nádegas, por sensualidade ou por peso e silhueta, estaremos navegando por entre escolhos, arrecifes e promontórios. E homens e mulheres serão ciladas, porque nunca se saberá o que há por baixo daqueles acidentes geográficos...

Mais do que um corpo. A mulher é certamente mais do que um corpo desejável. Temos irmãs e mães e sabemos que se nossas mulheres são alegria para nós, também as dos outros o são para eles e elas. O problema é que as sociedades exaltaram a libido e a utilidade das mulheres ao paroxismo.

Esqueceram a cabeça e o pensamento da mulher que é diferenciado do pensamento do homem, em alguns aspectos para mais, em outros para menos. Graças a Deus que nenhum dos outros é o avesso do outro. A mulher não é um não homem e o homem não é uma não mulher.

Mulheres não homens. Criamos uma sociedade repleta de mulheres não homens e homens não mulheres. Nenhum achou sua identidade. Não admira que, depois, por influência desse limite provocado, tenhamos milhões de homens meio mulheres e de mulheres meio homens. Nenhum achou seu jeito e talvez seja por isso que alguns se concentrem nos trejeitos para proclamar suas rejeições. Não sentem o homem que poderiam ser e não conseguem ser a mulher que imitam.

Dá-se o mesmo com a mulher lésbica e seus trejeitos. E isto é ridículo, tanto para o homem, quanto para a mulher, quanto para os gays ou lésbicas assumidos. Nenhum deles aceita ser não homem, não mulher. Estão brigando para ser quem são. Querem ser um rosto, e não uma caricatura. A mídia, com suas piadas, encarrega-se de tornar os gays ridículos, enquanto finge defender seus direitos. Certamente não os ajudam com piadas de mau gosto.

Héteros e gays. Quando a sociedade definir o que entende por pessoa, por homem, por mulher e por hétero e gay, talvez a convivência se torne mais civilizada. Mas nada disso acontecerá se o mundo não achar o lugar das mulheres e elas não mostrarem a que vieram. O homem nunca entenderá plenamente sua mulher nem ela seu homem. Mas os dois se darão maravilhosamente bem, se seu amor tiver humor e seu humor for escudado no amor.

Que as mulheres e os homens riam primeiro de si mesmos e depois um do outro e finalmente se levem a sério. Um mundo de não homens e não mulheres seria um mundo mais histérico do que já é. Que as diferenças não se tornem desavenças...

46. Mulheres consagradas

Por muitos séculos as mulheres católicas fizeram votos, tornaram-se religiosas e renunciaram à família e ao casamento para ajudar suas companheiras mulheres a ter filhos, as crianças a nascer e a crescer, a educar as crianças, a cuidar dos velhinhos e a ensinar os enfermos a enfrentar a doença.

Aos que morriam, ensinaram a morrer. Ainda o fazem. Houve tempo em que a maioria que se dedicava a isso eram as religiosas católicas, chamadas freiras, irmãs de caridade. O mundo aprendeu com elas. Em algumas circunstâncias se aperfeiçoou, em outras não conseguiu reproduzir sua caridade e sua dedicação.

O fato é que as irmãs do povo, as madres, as religiosas, deixaram sua marca na história. Hoje, quando uma jovem, cheia de alteridade, ainda tem o desejo de cuidar de pobres, de crianças, asilos, hospitais, orfanatos, escolas, ou quando se dedica à pastoral do povo de rua; ou, ainda, quando a moça quer se tornar contemplativa, há quem tente dissuadi-la. Não veem tais vidas como relevantes. Não devem ter visto um hospital por elas comandado...

***

Quando uma jovem mulher decide ir para as missões, viver no meio dos pobres e tornar-se irmã de caridade, não ter filhos e mesmo assim ser mãe jovem de quem não teve mãe; quando moças bonitas que poderiam perfeitamente ter arranjado um casamento no mundo, optam por cuidar das famílias dos outros, louvo ao bom Deus, que põe esse sonho nestes corações femininos.

Mulheres que mergulharam no mistério da caridade e da benevolência fizeram a diferença. Foi o seu benquerer que educou milhões de pessoas. Podiam ter tido filhos e não tiveram, mas foram mães de muito mais filhos e filhas do que se tivessem contraído matrimônio. Envelhecem entre suas companheiras na maioria das vezes em pleno anonimato. Elas sabiam disso!

É justo que o povo as chame de madres ou de irmãs do povo, porque é isso que estas mulheres são. Feliz a Igreja que as teve em abundância e continua a tê-las, hoje em menor número, mas com a mesma dedicação e a mesma capacidade.

47. Confessar-se, consumir e comunicar...

O ponto nevrálgico da comunicação midiática moderna é a visibilidade: "Sou visto, logo existo!". Zygmunt Bauman faz-nos refletir sobre o tamanho das lixeiras numa sociedade consumista e sobre os confessionários eletrônicos portáteis que se tornaram os computadores, ipads e celulares de agora, através dos quais principalmente os adolescentes compartilham seus perfis pessoais num site de rede. O eu está aparecendo e prevalecendo como jamais apareceu. A mídia moderna possibilitou ao pequeno indivíduo preso no seu quarto e sem grandes recursos financeiros a gritar a qualquer estranho de qualquer canto do planeta: "Olha eu aqui, eu existo, viu? Quero me relacionar! Conheça-me, consuma-me, ofereço-lhe gratuitamente o meu perfil".

É Bauman, ainda, quem fala da sociedade confessional midiática. As pessoas se escancaram através de seus teclados, sites, twitters, blogs e facebooks... Contam suas vidas em detalhes. E daí, se ninguém quer saber? O importante é que estão lá na rede! Secundando-o, digo eu, que isto acontece logo após o abandono maciço dos confessionários das igrejas. Lembro em minhas aulas que os crentes de ontem, assim que puderam consumir bens extraordinários, deixaram as confissões do confessionário e foram confessar-se no divã do psiquiatra, pagando o preço de poder falar o quanto quisessem para serem analisados por um especialista.

***

Depois trocaram o psiquiatra pelos ipods, ipads, programas de auditório, BBB e jogos similares, onde se expõem em palavras e fotos e se oferecem para consumo enquanto consomem. Estamos em plena era da autoexposição extrema para a qual apontou Baudrillard, ao usar o termo "excrescência". Superstição era o que sobrava da fé e se aproveitava em rituais de pós-fé ou contra-fé. Excrescência é a sobra da pessoa jogada para a publicidade. O BBB é um dos mais flagrantes exemplos disso. Pessoas, na sua maioria jovens, se trancam por semanas numa casa que funciona como jaula de vidro, a qual se torna jaula de vídeo, e ali jogam o jogo de exibir-se e demolir os outros em troca da vitória e do dinheiro pago a quem sobreviveu àquela demolição moral. Naquelas semanas de, literalmente, nada produzir, eles produzem excrescências. Dali não sai filosofia, nem sociologia, nem conteúdo algum que possa ser aproveitado como caldo de cultura. É um bando de indivíduos apresentando seu pequeno eu numa superexposição de 24 horas por dia... Típico de uma sociedade que Baudrillard cunhou como a era do "sou visto, logo existo".

Na era de consumo há os que cabem e os que não cabem, os que acolhem a fama que os bafeja e os que a perseguem, na ânsia de serem consumidos para ganhar dinheiro e poder consumir tudo a que tiverem direito. Lembrei muitas vezes em aula que a mística do "não mereço, mas agradeço pelo que ganhei", cedeu lugar ao "apareço porque mereço o que conquistei".

**

Há nessa postura de ir à busca do sucesso, até mesmo por meio da religião, muito da morte de Deus preconizada por Nietzsche nos seus contundentes e demolidores livros. Ele dizia que não há Deus e que o céu está vazio. E preconizava que matar o que sobrara de Deus era afirmar o homem. Dizia que, para que o homem seja deus, é preciso que não haja Deus. Vale a supremacia do indivíduo que, enfim, liberto do deus a ele imposto pelos outros, poderá como novo Lúcifer ser, ele mesmo, a luz.

É o ato de rebelião suprema. Nietsche predisse que em quarenta anos seria célebre na Europa. O autor de *Vontade de poder*

(1901) mal podia imaginar que hoje há indivíduos que ficam célebres em apenas dois anos, desde que aceitem o marketing moderno e admitam ser vendidos para depois vender: *cresça, manifeste-se, apareça e então venda e fique rico!*

***

Criamos uma sociedade de consumo que apoia os vencedores, porque estes são os verdadeiros vendedores. Religiões e mercados precisam de muitos prosélitos para consumir seus produtos e suas ideias. E os vencedores os atraem, porque a tendência do ser humano é seguir o herói que venceu e não o que ficou em segundo ou terceiro.

O deus Mercado, como novo deus Moloch, precisa de consumidores e de vendedores para se manter vivo. E, segundo disseca Bauman, precisa de grandes lixeiras e parques de sucatas, precisa do obsoleto para poder lançar novos produtos, precisa da mídia para vendê-los e precisa de ídolos para convencer os compradores a consumir algo novo, do qual realmente não precisam, mas que alguém que se vendeu e ficou famoso e rico está divulgando.

É tudo construído em função do deus Mercado, do consumismo e do imediatismo. "Venha, consuma mais estes milagres, compre agora, já, seja feliz, consumindo algo novo e mais eficaz." Assim o sujeito é colocado diante do produto mais eficaz, do desconto mais eficaz e da fé mais eficaz. Se ele quiser ser o melhor, terá que consumir o melhor! Com esta falsa mística, que aponta o mais novo como o melhor, em pouco tempo o mais novo fica velho e é substituído por outro supermercado, outro produto e outra igreja eletrônica de resultados, ou movimento religioso mais novo! O novo torna-se sinônimo de maior ou melhor e o eficaz, sinônimo de verdadeiro.

***

Sociedades voltadas para o consumo não são novidade. O reino de Israel, por volta de 750 a.C., Atenas (400 a.C.) e Roma,

no tempo de Cristo, eram sociedades consumistas. Valia a mais-
-valia. Quem tinha, valia mais do que o desprovido. Os deuses
certamente estavam com ele. Não fora diferente em Israel. Amós
combateu a licenciosidade e o consumismo no tempo de Jero-
boão II, tempo de riqueza material imensa, fruto de exportações
e espoliações, mas repleto de corrupção, imoralidade, opressão
e violência nas ruas; lembrava o Brasil de hoje... A maioria dos
religiosos da época aplaudia aquele progresso porque se benefi-
ciava dele!

Por estar cada dia mais rico, o reino se julgava abençoado por
Deus. Vivia a religião de resultados e de teologia da prosperidade. A primeira coisa que os pregadores da época fizeram contra
Amós foi acusá-lo de ser ignorante e de não ser profeta. Isto ele
aceitou. Não era mesmo! Não segundo os padrões daquele tempo!

> E a minha mão será contra os profetas que veem vaidade
> e que adivinham mentira; não estarão na congregação do
> meu povo, nem nos registros da casa de Israel se escreve-
> rão, nem entrarão na terra de Israel; e sabereis que eu sou
> o Senhor DEUS (Ez 13,9).

> E respondeu Amós, dizendo a Amazias: "Eu não sou pro-
> feta, nem filho de profeta, mas vaqueiro e cultivador de
> sicômoros" (Am 7,14).

Depois, proibiram-no de pregar no templo de Betel porque se
opunha à teologia da prosperidade. Mas o que ele predisse aconteceu em 722 a.C.: Israel foi arrasada pelos Assírios. A sociedade
consumista não resistiu por falta de conteúdo humano! Ter bens,
ali, tornou-se mais do que ser bom. É um dos efeitos colaterais
maléficos do consumismo e da comunicação a seu serviço. No
dizer de Bauman: transforma ideias e pessoas em mercadoria.
A fé também, dizemos nós que observamos a marcha de certos
marketings da fé na mídia do Brasil.

Inteligentemente amorosos

48. Sociedade permissiva

Quem passa por bancas de revistas ou de cinemas, a não ser que feche os olhos, perceberá que tipo de sociedade se tornou a nossa: permissiva. Nudez total, frontal, lateral, nádegas, sugestões, convites e deboche. O sexo está em toda parte. Também nas ruas, onde travestis e meninas de programa expõem sua nudez nas avenidas.

A repressão praticamente acabou, mas o preconceito ainda existe. Fala-se e mostra-se lasciva e abertamente o corpo para todos os fins, em passarelas, programas de televisão para adolescentes, dentro de banheiras com sabonetes, ou debaixo de chuveiros, tudo sob o aplauso e até o elogio dos espectadores. O sexo virou espetáculo. Dá ibope e vende.

***

As moças vestidas em sumárias lingeries que atravessaram a Avenida Paulista, despertando a curiosidade dos transeuntes não eram prostitutas. Eram modelos. Posavam para fotos, anunciando uma grife. No passado seriam presas e punidas por desafiar a moral e os bons costumes. Agora, ao desfilarem seminuas, por serem profissionais da moda, recebem aplauso. Desfilam em programas de televisão mais nuas do que as prostitutas nas esquinas. E são aplaudidas pela beleza, pose e bom gosto. Mas qualquer travesti ou prostituta que, numa avenida, vestir as mesmas roupas, sem câmeras por perto, despertará hostilidade... Criamos uma sociedade onde o outro é mais outro do que o outro, se estiver divulgando algum produto...

***

Uma sociedade que assumiu abertamente a indústria do prazer e do erotismo gera atitudes e posturas que tendem a radicalizar.

De um lado haverá os defensores da liberdade total e de outro os que exigem um controle. No momento, no Brasil venceram os defensores do vale quase tudo. Falta pouco para o vale-tudo.
Efeitos colaterais. Mas o sexo nunca vem sozinho. Traz amor e prazer, mas também traz conflitos, tristezas, provocação, violência, ódio, vingança, exploração, loucura, desequilíbrios, fraquezas, aborto, HIV, festa e luto. É a triste realidade desde que o mundo existe.

***

A humanidade, então, cava trincheiras e começa suas guerras dos sexos ou dos conceitos sobre sexo. Quando vence a religião, o sexo é reprimido e colocado a serviço da vida e do espiritual, com restrições, proibições e repressões que machucam. Quando vence o mundo a permissividade acaba gerando escravidão, dominações, parcerias com dinheiro, droga e violências de todos os tipos.

Sexo e confronto. Estamos perto do confronto. A radicalização dos movimentos vai gerar conflitos enormes que já começaram na questão do aborto, e agora na questão do HIV e do Orgulho Gay. São mundos opostos. A religião tem um enorme desafio pela frente. Combate? Dialoga? Cede? Explica? Rema contra a corrente? A meu ver estes próximos vinte anos serão de enorme desafio. As igrejas dizem uma coisa e vastos setores da mídia, outra. Os ouvidos dos fiéis ouvem uma coisa nos templos, seus olhos veem outra na rua, na internet e na televisão. O tempo dirá onde isso vai dar. Vem guerra por aí.

49. Televisão e permissividade

O estupro no BBB. Se houve ou não houve, ficará no ideário dos que gostam desse tipo de linguagem. Mesmo que fique por isso mesmo, por muito tempo se questionará esse tipo de invasão da privacidade praticada por rapazes e moças em busca de fama e de ascensão social, nem que seja através de uma jaula de vidro, vale dizer, de vídeo.

Ficar do lado de cá, assistir e depois acusar é o mais fácil. Não ver, mas quando um assunto sacode todos os cantos de um país, procurar saber para opinar, parece sensato. Pais, educadores, psicólogos e sociólogos que não perdem tempo vendo BBB foram saber do acontecido. Alguém teria feito sexo não consentido diante das câmeras. Vale dizer: se fosse consentido estaria dentro dos parâmetros daquela diversão dedicada ao *voyerismo* nacional.

O buraco da fechadura. No passado os curiosos espiavam pelo buraco da fechadura o que acontecia na casa de tolerância contígua. Agora, espiam pela televisão ao vivo e pago, ou, editadas, a cenas seletas dignas de casas de tolerância. O suposto quebrador das regras foi expulso da diversão. Num programa quase sem limites ele conseguiu passar dos limites...

Comentou-se nas ruas, em jornais, em emissoras de rádio e nas salas de aula. Pode fazer? Pode mostrar? Até onde vai o jogo de desbancar, derrubar, trair, erotizar, puxar tapetes, provocar e sair de lá para posar nus ou nuas em capas de revista?

O jogo do BBB. Mas o que está por trás de um BBB ou jogos semelhantes? Seriam mais ousadas as bacanais e as *saturnálias* de Roma? Sodoma e Gomorra foram mais longe? Pode ser que sim, pode ser que não, mas de uma coisa sabemos: as cenas daqueles dias não eram transmitidas pela televisão para qualquer adolescente longe dos pais ver e imitar. Se pode na televisão, por que não pode no baile funk?

Licenciosidade é a palavra. O que seria licença para se expor durante semanas num tipo de gaiola de vidro – no caso, gaiola de vídeo –, foi mais longe do que a licença e assumiu ares de transgressão estudada, com o fim de gerar audiência. É sabido que milhões de curiosos perdem tempo para ouvir e ver o que ali se passa. Mas daquela jaula quase não sai aula. Seguramente BBB não é um evento cultural.

Educadores mais generosos até conseguem ver valor naqueles relacionamentos fugazes, nada furtivos e nada profundos. Mas vai-se lá para jogar um jogo que, se não é um vale-tudo, chega perto!

O que dizem as igrejas? Que está longe de ser um curso de ética e de solidariedade. Um grupo de pessoas jovens aceita viver junto numa casa, expor corpos, desejos vontades e ideias; no processo alguém é derrubado por atitudes, intrigas e palavras, e jogado para fora da casa por decisão de jurados e telespectadores. Não prima pela ética! Os pais, cada dia mais perplexos, se perguntam se não há uma lei para controlar aquelas cenas. Há! Os pais advogados a conhecem!

50. O sexo que desafia as Igrejas

Cultura grega. Para entender a carta de Paulo aos Romanos convém lembrar a formação helenística de Paulo. Ele conhecia, e muito bem, a cultura grega. Muito provavelmente conhecia o famoso discurso do confesso homossexual Ésquines contra Timarco e as poesias de pedófilos famosos como Teógnis e Meleagro.

O texto de Romanos 1,18-32, severamente criticado por homossexuais, deve ser lido no contexto da comunidade cristã que rompia com aquelas práticas. Era um libelo contra a sexualidade até então vivida por gregos e romanos. Paulo delimitava o sexo à dimensão homem/mulher e, este, à dimensão familiar. Com raras exceções é o que ensina a maioria dos pregadores cristãos.

> Porque do céu se manifesta a ira de Deus sobre toda a impiedade e injustiça dos homens, que detêm a verdade em injustiça.
> Porquanto o que de Deus se pode conhecer neles se manifesta, porque Deus lho manifestou.
> Porque as suas coisas invisíveis, desde a criação do mundo, tanto o seu eterno poder como a sua divindade, se entendem, e claramente se veem pelas coisas que estão criadas, para que eles fiquem inescusáveis.
> Porquanto, tendo conhecido a Deus, não o glorificaram como Deus, nem lhe deram graças, antes em seus discursos se desvaneceram, e o seu coração insensato se obscureceu.
> Dizendo-se sábios, tornaram-se loucos.
> E mudaram a glória do Deus incorruptível em semelhança da imagem de homem corruptível, e de aves, e de quadrúpedes, e de répteis.
> Por isso também Deus os entregou às concupiscências de seus corações, à imundícia, para desonrarem seus corpos entre si.

Pois mudaram a verdade de Deus em mentira, e honraram e serviram mais a criatura do que o Criador, que é bendito eternamente. Amém.
Por isso Deus os abandonou às paixões infames. Porque até as suas mulheres mudaram o uso natural, no contrário à natureza.
E, semelhantemente, também os homens, deixando o uso natural da mulher, se inflamaram em sua sensualidade uns para com os outros, homens com homens, cometendo torpeza e recebendo em si mesmos a recompensa que convinha ao seu erro.
E, como eles não se importaram de ter conhecimento de Deus, assim Deus os entregou a um sentimento perverso, para fazerem coisas que não convêm.
Estando cheios de toda a iniquidade, prostituição, malícia, avareza, maldade; cheios de inveja, homicídio, contenda, engano, malignidade.
Sendo murmuradores, detratores, aborrecedores de Deus, injuriadores, soberbos, presunçosos, inventores de males, desobedientes aos pais e às mães.
Néscios, infiéis nos contratos, sem afeição natural, irreconciliáveis, sem misericórdia.
Os quais, conhecendo a justiça de Deus (que são dignos de morte os que tais coisas praticam), não somente as fazem, mas também consentem aos que as fazem.

É conflito. A luta dos homossexuais de agora e os debates e combates que eles sustentam contra católicos e evangélicos atingem contornos filosóficos, políticos e religiosos. As religiões pagãs daqueles povos aceitavam troca de afeto e relações sexuais entre homens, e não viam como deletérias as relações entre um adulto e um rapaz. Era raro o relacionamento entre dois adultos ou entre dois jovens. O *erastes* e o *erômenos*, desde o século IX antes de Cristo, eram vistos com tolerância.

A julgar por um texto de Hesíodo, 800 a.C., os vínculos familiares não eram muito sólidos naquela civilização. Havia acentuada inclinação para o amor do mais velho pelos mais jovens. A dimensão das relações com as mulheres era outra. Nessa cultura, que vigorava há muitos séculos, à medida que cresceram em número, os cristãos reagiram. O sexo nunca foi assunto fácil de enfrentar, porque nem sempre foi enfrentado com serenidade e equilíbrio. Facilmente se transforma em confronto, intolerância e repressão.

***

Sexo hoje no Brasil. Para entender melhor o Brasil de hoje, a licenciosidade dos trajes de praia e do carnaval, as cenas fortes de sexo na mídia, a ousadia dos *outdoors*, as piadas de cunho homossexual que se ouve em programas humorísticos, a preferência por piadas de sexo que riem do homem corno e do homem gay; para entender tudo isso será preciso voltar a um período da antiga Grécia onde se desenvolveu uma civilização que idolatrava a estética.

Beleza masculina. A beleza masculina triunfara; via-se a mulher como um ser bonito, mas problemático; cantava-se a formosura do menino ou do rapaz e dava-se menor valor à beleza da mulher. Os gregos daqueles dias não administravam bem as diferenças de psique. Viam o feminino não tanto como complemento, mas como contraponto ao belo masculino. Filósofos chegaram a dizer que a companhia de um rapaz é mais agradável do que da mulher.

O problema não era tanto o corpo e o sexo, mas as consequências e as injunções da presença feminina. Nada indica que a mulher grega não fosse formosa, ou que fosse de difícil convivência. Nem toda mulher era uma Xantipa.[1] Mas o culto ao belo pode ter influenciado a preferência pelo homem, cujo corpo na juventude até os 30 anos sofria menos as consequências do sexo ou não passava pelos efeitos da maternidade.

---

[1] Esposa de Sócrates, descrita como pessoa de difícil temperamento.

O triunfo da estética. Como os gregos chegaram a isso, os historiadores explicam em maiores detalhes, começando pelo que se sabe do século VIII a.C. e indo até dois séculos antes de Cristo. O belo (*kalós*) aparentemente tinha outro significado na cultura grega. Englobava o esbelto e o bem construído. Hoje que as mulheres também frequentam academias e mantêm um corpo sarado, entende-se que os apelos sexuais daqueles dias incluíssem corpo jovem e bonito. Os homens o cultivavam mais do que as mulheres. O esporte era mais do homem do que da mulher e a nudez mais coisa de homem do que de mulher.

Formosos. O culto à forma, ao corpo, ao prazer, ao companheirismo, de certa forma, isolava o sexo do amor e o homem da mulher. Casava-se não por amor, mas por procriação, heranças e alianças. Amor e casamento não andavam juntos. O prazer também não era ligado ao compromisso e à fidelidade. Por mais que alguns filósofos e pensadores alertassem contra relações estéreis e sem ágape, o amor erótico e não poucas vezes a *porneia* dominou cenários e muitas épocas. Os vasos de cerâmica e os livros conservados até hoje o atestam.

Cerâmicas e porneia. O que hoje se lê nas cerâmicas, nos vasos e em comédias e livros que até nós chegaram, aponta para um tipo de sociedade para a qual o nu, o sexo em público, a pederastia e a pedofilia eram aceitos, ao menos em alguns setores das sociedades gregas, porque em Ellas, Grécia, não havia apenas uma sociedade. Variava de cidade para cidade. É conhecida a distancia cultural entre Atenas e Esparta!

Persuasivos. Os debates e embates eleitorais nas eleições presidenciais do Brasil dão uma ideia de como era a Atenas daqueles dias. Quem debatia não era julgado por um juiz, mas pela opinião pública. E quem convencesse mais o público sobre suas capacidades e qualidades pessoais e sobre os deslizes, desmandos e incapacidades do outro ganhava o debate.

Valia a arte de convencer, sem muitas regras de conduta ou de ética. Tem sido este o modo de agir nas eleições no Brasil. Na Grécia o público decidia quem mentia menos, quem envolvera mais o outro, mas não estava em jogo a lisura, o conteúdo, a verdade ou a mentira, e, sim, a habilidade retórica de provar que um era mais apto no discurso que o outro!

No Brasil, os espertos malasartes,[2] os cômicos e os macunaímas[3] acabam ganhando a simpatia do povo, mesmo que não tenham projetos sérios. Dizem a palavra simpática, do jeito simpático e na hora certa, mesmo que não seja palavra certa e verdadeira...

Sofistas e casuístas. Não era diferente na Grécia dos oradores sofistas e casuístas. Vivia-se nessa sociedade claramente individualista, pragmática, sofista, dedicada a vencer a qualquer preço com louros para o vencedor, cada qual buscando sua liberdade, sua autoafirmação e seu direito ao prazer. Confundia-se felicidade com prazer sensorial. O cultivo do espírito era coisa de poucos, por mais que hoje se decante a democracia e a cultura grega. Quem não quisesse, não se metesse e não olhasse. Seria o caso de dizer, se naquele tempo tivesse havido televisão: "Se não gosta, mude de canal!".

Homossexualidade. Palavras como *erastes* e *erômenos* nem sempre significavam sexo homossexual, mas na maioria das vezes, segundo alguns autores, referiam-se à atividade sexual masculina de um adulto com outro mais jovem. Alimentava-se a cantada e a perseguição e admirava-se o jovem que conseguisse fugir dela. Ao adulto era permitido tentar. Do jovem esperava-se que soubesse tirar proveito da situação.

Ganimedes e Narciso. Personagens como Ganimedes, Titônio, Apolo, Narciso eram retratados como de beleza que

---

[2] Pedro Malasartes, personagem do folclore popular brasileiro, hábil em ludibriar os outros.
[3] Personagem da obra de Mario de Andrade que sobrevivia ludibriando.

enfeitiçava homens e mulheres, e até Zeus, o maior dos deuses... O próprio Zeus teria ímpetos de homossexualidade! Autores como Platão, Teógnis, Aristófanes tratavam abertamente da homossexualidade como comportamento aceito na sociedade de Ática e de Ellas. Atenas e as outras cidades gregas, tudo no seu devido tempo, viveram essa moral. Apenas o homossexual prostituto era punido, como foi o caso de Timarco, que fazia sexo por dinheiro. Mas não se punia nem a pedofilia nem o sexo livre entre homens.

Dignidade já. Não entenderemos o movimento gay e seu grito "dignidade já", que hoje leva milhões às ruas e nos desafia numa sociedade de maioria não gay, se não entendermos que algumas sociedades já aceitaram como normal o fato de um homem seguir a disposição para buscar prazer sensorial com pessoa do mesmo sexo, preferindo-o ao contato com o outro sexo.

A serviço do prazer. Uma leitura da história do sexo aponta para eunucos, homossexuais, meninos, meninas ainda adolescentes e mulheres, usados contra a vontade para o prazer de ricos, aristocratas, imperadores, senhores e patrões, dominadores e guerreiros. E havia também as prostitutas que viveram da indústria do prazer sexual remunerado. Cada sociedade reprimiu, aceitou, incorporou e até cobrou impostos com esta atividade imensamente rendosa num tempo de poucas indústrias e pouca oferta de trabalho.

***

Fé e prazer. Entre as religiões, muitas se opuseram. Mas havia também aquelas nas quais o homossexual era aceito e acolhido e galgava postos de comando. Egito, China e Grécia, como exemplos. Variava com a dinastia. Mulheres virgens eram supervalorizadas e até tinham *status* de nobreza, mas muitas mulheres públicas também influenciaram reis e governos por suas prestações de serviço sexual e por organizarem uma indústria lucrativa e até mesmo vista como salvaguarda contra as demais mulheres, posto que se entendia como lugares de descarrego da libido masculina...

História acidentada. Na longa e acidentada história do sexo é bom acentuar os povos e a épocas. A mesma razão que levava as mulheres nômades de 11 mil anos atrás a terem filhos de sete em sete anos, máximo de dois durante uma vida que raramente passava dos 25 anos, também leva as mulheres de hoje a terem no máximo um ou dois filhos: a dificuldade de mantê-los.

Natureza hostil. Naquele tempo, a natureza era hostil para com as mães. Hoje, a hostilidade é a do mercado, que com seus preços exorbitantes dificulta a manutenção de mais do que dois filhos. Há 11 ou 9 mil anos atrás não se produzia o suficiente. Não havia agricultura. Hoje há, mas o dinheiro não dá para comprar conforto para mais de dois filhos. Se o conforto de hoje é incomparável, as necessidades de hoje são insaciáveis. A mãe de onze milênios atrás consumia pouco, mas o pouco era quase impossível de se encontrado. Era coisa de chance e acaso manter o filho vivo até os quinze anos.

Sociedade hostil. Não é que as coisas tenham mudado. Hoje quem mais morre por conta da violência são os jovens de menos de 25 anos. Nos tempos de agora, manter um filho vivo e bem educado com qualidade de vida consome cerca de 18 horas diárias de trabalho do casal. E não são poucos os casais que perdem os filhos para os traficantes. Somadas suas horas de trabalho, o casal precisa controlar os mais de quarenta compromissos assumidos pelo bem da casa, dos filhos e do futuro.

Mercado opressor. As mães da era nômade não tinham contas para pagar e não tinham mais filhos, não porque não quisessem, mas porque ainda não havia agricultura de subsistência. As de hoje têm a subsistência garantida, desde que conheçam as normas da sobrevivência financeira e possam pagar o supermercado, as prestações e os impostos...

Onde entra o sexo? Em muitas situações, o sexo é diversão para quem tem lazer e ócio; em outras, é válvula de escape para quem sente que a vida lhe é proibida ou sem sentido. O prazer da hora lhes cai bem. Vira desafogo. Apagam o fogo onde podem apagá-lo e com quem puder apagar, de graça, ou por algum dinheiro que sobra; às vezes, até com o dinheiro que faltará aos filhos e à esposa.

Culpa e fé. Outros entregam seus bens a alguma igreja como forma de apagar outro fogo que também lhes rói a existência: o da culpa. Mas todos compram prazer, sucesso, garantia de sobrevivência feliz! Tudo custa dinheiro ou submissão. E sempre há quem cobre caro. Isso também explica até o conforto, os aviões e a riqueza pessoal de alguns religiosos que oferecem seu *know-how* sobre Deus, mas exigem retribuição.

***

Nada vem de graça. Nem mesmo a graça vem de graça. Em muitas igrejas, sem o menor disfarce, a graça está associada ao dízimo. Pagou, ganhou; não pagou, espere castigo do céu!... Sempre há quem venda e cobre a porcentagem pelo *know-how*! A prostituta por uma razão, o comerciante por outra, o governo por ainda outra e os pregadores por totalmente outra. Mas sem pagar não leva!...

Gratuidade. Desapareceu a gratuidade do amor conjugal e das relações humanas. Há, hoje, uma relação homem/mulher que não satisfaz a um vasto segmento da sociedade. Por isso há homens que não desejam mulheres e mulheres que não desejam homens. O sexo heterossexual não os satisfaz nem atrai. Nem eles nem elas sabem explicar por que razão seus sentimentos convergem para alguém com as mesmas formas. Os muitos estudos não são conclusivos. Continuam contestados. Até as religiões acentuam que, em muitos casos, a pessoa não se torna homossexual: descobre que é. Depois disso, precisa decidir se assume seu desejo ou se o controla por algum motivo maior.

***

Homo contra homo. No discurso de *Ésquines*, ele mesmo declaradamente homossexual, parágrafos 29 a 32, se lê a respeito do cidadão *pepornêumenos* ou *hetairekós*, isto é, homem que vende seu corpo para sexo: "O legislador considerou que qualquer que tenha vendido o próprio corpo, para que outros o tratassem como quisessem (*hybris*) não hesitaria, tampouco, em vender os interesses da comunidade como um todo".

Ali, mesmo sendo ele adepto do relacionamento homossexual, mostrava uma sombra de preconceito. Afinal, outros cidadãos heterossexuais também vendiam a pátria por outras razões. Mas condenava-se o ato de *porneusthai*, ganhar dinheiro com sexo.

Sexo e dinheiro. Pornografia é, pois, ganhar dinheiro vendendo, escrevendo ou mostrando sexo. Isso era condenado. Aceitava-se sem grandes questionamentos o sexo gay sem preço. Péricles, famoso político, não hesitou em viver com uma ex-prostituta, Aspásia, a partir do momento em que ela se mostrou fiel a ele. Não houve compra.

No caso de Timarco, o raciocínio foi: "Se não tivesse vendido seu sexo, por mais reprovável que fosse seu ato, não mereceria punição, porque não teria misturado liberdade sexual com comércio do corpo". Era abominável para um cidadão grego vender-se. O que se condenou não foi o ato de *kharizesthai* ("troca de carinhos"), mas a *hybristés* (o "vale-tudo", a exploração da outra pessoa), o ato de *porneusthai* ("prostituir-se por dinheiro") e de *hetairen*.

Entrega. Ninguém poderia vender-se por sexo nem vender mulheres, meninas ou meninos. Era severamente punido o pai que vendesse filha ou filho para fins de sexo (*hybristés*). Aceitava-se a fornicação, mas não a prostituição.

Fornicação. Séculos depois, à medida que avançaram outras filosofias e religiões, filósofos e, mais tarde, religiosos proibiram aos casados também a fornicação, porque também lesava os direitos do cônjuge e feria a gratidão. Mais adiante, sexo passou a ser aceito só dentro do casamento! Os cristãos já estavam em cena.

Antes dos cristãos, os estoicos haviam tentado purificar a relação conjugal e carnal. Mas foram os cristãos que, a partir do primeiro século, implantaram a exigência de sexo responsável e por amor, por dever e por justiça, obrigatoriamente hétero.

Permissivos. Na velha Grécia, contudo, assim que a religião pagã foi perdendo conteúdo e força, as autoridades fizeram vistas grossas e deixaram de interferir na vida sexual das pessoas. Também entre os cristãos, com o passar do tempo, em muitos países o princípio era um, mas a prática era outra. De povo em povo, assim que o Estado se libertava da influência da religião, adotava medidas mais liberais para com o exercício do sexo fora do casamento. Salvaguardavam-se o interesse e os direitos do ou da cônjuge e dos filhos. Amancebar-se, ter amantes, ter sexo extraconjugal tornou-se atividade aceita, desde que...

Desde que... O "desde que" vigora até hoje, por conta da insatisfação da pessoa que não se sente devidamente valorizada numa união. Há quem procure sexo e há quem procure atenção. As religiões precisam lidar com todas estas situações e oferecer caminhos para aquele ou aquela que, crendo em Deus, precisa canalizar seus instintos sem cair em desespero, culpa ou desbragada licenciosidade.

O argumento de que Deus nunca disse nada sobre este ou aquele comportamento, ou de que as religiões e igrejas no passado permitiram, é insuficiente, porque os tempos mudam e a sociedade se abre ou se fecha para determinados comportamentos, à medida que oferecem risco maior ou menor. Até mesmo regimes ateus lutam pela família por ver que excessiva abertura na questão do sexo prejudica a vida social dos "companheiros" ou "camaradas". Foi assim na Rússia, na China, na Romênia, no Camboja, e é assim em grupos de guerrilheiros.

Direitos da mulher. Com a evolução dos direitos da mulher e da criança, se ontem se aceitava a pederastia e a pedofilia, hoje a sociedade tem leis duríssimas contra tais atitudes, porque a ciência do Direito tornou-se mais exigente. Por outro lado, enquanto evoluiu a defesa da criança e do menino bonito perante o adulto que os cobiça sexualmente, praticamente os mesmos que defendem a criança indefesa apoiam o aborto contra o feto indefeso.

Violência contra quem? Há quem alegue que o aborto é uma violência contra a mulher, esquecidos de dizer que também o é contra o feto. Falam do ponto de vista da grávida em risco de lesões e de morte, e esquecem o ponto de vista do nascituro exterminado. Estabelecem tamanho e idade para começar a defender uma vida humana...

Direito gay. Debate delicado, hoje, defensores do aborto, da união entre homossexuais, advogam direitos. Uns, como cultura e orgulho gay, lutam por seu direito de amar alguém do mesmo sexo e assumir sua relação em público. Outros, pelo direito de a grávida decidir: usam a expressão "direito de escolha", *pro-choice*. Só não dizem que, ao escolher a grávida, aceitam a morte do seu feto. Ao defender a saúde da que não quer ser mãe, optam pela morte daquele que se pudesse falar quereria viver. Deveriam utilizar o termo *pro-pregnant choice*, que seria ao mesmo tempo *anti-fetus choice*. Já a escolha da união gay não implica morte, e, sim, em rompimento com uma visão de família. Mas ambos querem mudanças no Código de Direito Civil.

Se houve sociedades que permitiram, eles querem hoje a mesma liberdade; mas todos concordam que não se deve vender sexo, nem permitir estupros ou sexo não consentido. E, no caso de consentimento, quem consente precisa ter maturidade suficiente para consentir.

Não admitem que se confunda prostituição com homossexualismo nem pedofilia ou outros crimes com homossexualidade. De fato, isso precisa ficar claro, para que, mesmo discordando, não se cometam injustiças. Também os homossexuais advogam uma moral e um comportamento de respeito ao outro. Mas, consentido este, e tendo este adulto liberdade para escolher, advogam o direito de amá-lo, ainda que seja do mesmo sexo. Querem também o direito de adotar filhos e criá-los a dois.

Cristãos em debate. O pregador cristão baterá de frente com tais ideias. Uma sociedade que ainda hoje se pauta pelas normas cristãs, embora veja tantas injustiças no seu meio, vê a luta por práticas sexuais e maritais não cristãs tomar vulto e não pode calar-se por nenhuma razão neste mundo. Trata-se de valores inegociáveis.

Igrejas cristãs observam o aumento das fileiras de quem defende o aborto em qualquer fase da gestação, o aumento do número de gays e lésbicas nas avenidas a reivindicar seus direitos. Vê, também, a luta sem tréguas de uma sociedade que não admite nem vai admitir turismo sexual e, pior ainda, crianças a vender sexo ou a ser vendidas para sexo em motéis e estradas.

É moral ambígua, que também atinge as igrejas, uma vez que estas fizeram e ainda fazem vistas grossas em suas fileiras, quando pregadores da fé acusados e provadamente envolvidos com homossexualidade permanecem nos seus postos.

Visualidade. O visual na antiga Grécia e na antiga Roma era menos impactante do que o visual de hoje. Eles não tinham os recursos de agora. Nossa sociedade começa a ver com tolerância seus adolescentes, enamorados ou não, a praticar um sexo para o qual não estão preparados. Crianças e adolescentes são expostos a uma enxurrada de cenas de nudez e de sexo em plenas tardes de televisão. A Internet permite acesso a verdadeiras orgias sem possível controle parental, porque nem sempre a busca é feita dentro de casa. Aumentam as grávidas adolescentes e, em algumas cidades, o HIV é três vezes maior entre adolescentes grávidas. Não estavam preparadas e não souberam escolher parceiro, nem se cuidar.

***

Pais solteiros. Cresce o número de pais solteiros e, via de regra, o número de abortos. Aumenta a violência sexual, cresce a violência doméstica por conta de um sexo apressado e, depois, mal vivido. Quem queria todas as liberdades começa a gritar por cerceamento de algumas delas. Querem liberdade sexual, mas com limites e punições para quem passa do limite crucial. "Com crianças, não! À força, não!" Então o sexo nunca deve ser totalmente livre! Não deixa de ser uma descoberta significativa!

Mudaram de ideia. Pais que há menos de vinte anos eram a favor de sexo e amor livre e o praticavam, agora, com filhos em casa, descobrem a importância das paredes e da cumplicidade silenciosa na hora do sexo, do controle da televisão, da Internet, da roupa, do vídeo e das canções, porque sua cabeça mudou quando o ventre dela se alargou para hospedar um pequeno e bem-vindo intruso...

As pessoas mudam, a sociedade muda, e merecem aplausos quando mudam para melhor. Combateram-se mudanças que – a História o registra – fatalmente desembocaram em sofrimento para todos.

***

Canalizados. Riachos por mais bonitos, límpidos e livres que sejam, às vezes, transbordam, enchem-se de lama e precisam ser canalizados. Nem tudo é lindo e maravilhoso com o riacho que passa no fundo de nosso quintal. Depende das chuvas e das tormentas na cabeceira. O sexo é este riacho. Nem tudo nele é lindo e maravilhoso. Depende do que vem das sarjetas e das cabeceiras.

O que deve fazer uma igreja cristã? Não se barra um riacho de maneira ingênua, nem com engenharia errada. Ele acabará por explodir aquela barreira. Canaliza-se e deixa-se alguma vazão, controlam-se seus estágios com diques e lagoas e purifica-se aos poucos o que é uma força da natureza. Proibir e ameaçar com inferno chega a ser ridículo. Liberar tudo, como se isto fosse moderno, é outra atitude ridícula. Sexo é força da natureza e forças da natureza supõem algum controle.

※※※

Sem medo de sexo sereno. Não há por que uma igreja ter medo de discordar dos que defendem ideias outras em nome da modernidade. Ela tem, no mínimo, vinte séculos de Jesus, e viu o que acontecia nas sociedades pagãs da Grécia e de Roma; sabe dos séculos que precederam Jesus, dos *apotétes*[4] modernos onde se jogam os indesejados. Na Grécia Antiga, falava-se até de crianças mortas ou deixadas a morrer pelo pai que não as aceitava; sabe-se das crianças rejeitadas, dos males da pederastia, da pedofilia e dos caminhos do homossexualismo em algumas sociedades. Não foram poucos os que morreram por práticas homossexuais. Períodos houve em que a intolerância desceu a zero.

Nem eles nem nós. Se não se pode nem se deve agredir e ofender os homossexuais assumidos, também eles não nos podem agredir e ofender por conta de nossa doutrina, que não aceita como sacramento e graça de Deus o casamento entre pessoas do mesmo sexo. Não ofendê-los e não ser violentos não significa, porém, concordar com o que fazem.

Se discordam de nós, temos também nós o direito de discordar deles. Se não podem usar de violência contra a religião que não aceitam, a religião que não os aceita não pode usar de violência contra eles; são filhos de Deus e não podem ser tratados como pessoas inferiores.

Sexo e pecado. Pecado há e haverá entre heterossexuais, virgens, não virgens, pedófilos, pederastas, bem casados, solteiros, pregadores e não crentes. Ninguém está isento de erros contra os outros ou com os outros. Há beleza na amizade, beleza no amor humano, beleza nas relações humanas e beleza no perdão e

---

[4] *Apotétes*: supostamente era um precipício onde se jogavam os indesejáveis e rejeitados de Atenas.

na reconciliação. Eles veem beleza no amor homossexual, mas a maioria das igrejas não vê. Nem um nem outro podem exigir que o outro mude, à força, de opinião. Podem, porém, exigir que o outro não os desrespeite por conta dessa divergência.

***

Sexo e pessoa pública. Na antiga Grécia era vedado ao que se prostituía o acesso a algumas funções públicas e religiosas, como hoje ainda há restrições à presença deles em algumas funções na sociedade. E aí, outra vez, o debate. Têm as igrejas o direito de não aceitá-los nas suas fileiras como sacerdotes ou pregadores? Tem o Estado o direito de impedi-los de exercer cargos no exército ou no governo? A discussão vai longe e nenhum dos dois lados está disposto a ceder, embora tenha havido leis em favor dos homossexuais.

Sexo egocêntrico. O egoísmo torna o sexo feio. Determinadas relações sexuais, embora não sejam feias aos olhos de quem as assume, são feias para as Igrejas que há séculos assumiram cultura, antropologia ou teologia diferentes da pagã.

Os indícios de paganismo na acentuada liberdade sexual de agora estão nas bancas de esquina, nos *outdoors*, nas paredes, nas salas de cinema, na Internet, na televisão, em novelas, nas praias e onde quer que se exponha a nudez humana para fins eróticos. Está na licenciosidade das relações, na indústria do sexo, na proliferação de motéis e na coisificação do corpo humano.

Por isso, uma universidade inteira que se dedica a informar e formar cidadãos preparados perde a batalha da mídia para uma jovem de vestido rosa, que transforma a agressão sofrida em arma, não de defesa, mas de luta. A mídia a instrumentaliza e, meses depois, ela acaba posando seminua na capa de revista erótica e divulgando sua grife... A instituição de ensino não é entrevistada e não ganha capa de periódico, porque há uma indústria do prazer à qual não interessa dar cobertura à indústria do ensino.

Corinto. Os cristãos viviam perplexos na Corinto que fabricava vasos de cerâmica e objetos eróticos. Na mesma cidade, na própria comunidade que ele fundara, Paulo combatia comportamentos sexuais desregrados; combatia Eucaristias mal vividas e vida conjugal mal assumida. Mandou restaurar a prática correta da Eucaristia e do ágape (1Cor 11,17-27) e mandou controlar o *Erotikós* e a *Porné* acontecidos na comunidade, coisa que nem os pagãos cometiam... (1Cor 5,1).

Degradação. Nesse mesmo quadro se insere o texto citado aos romanos. Paulo escreve no início da sua carta sobre paixões infames, entre as quais inclui bestialidades, homossexualismo e outras práticas (Rm 1,23-32). É severo contra elas e atribui estes costumes ao paganismo. Cristão não pode compactuar com isso.

Pecados dos hierarcas. Quando no seio do cristianismo começaram a acontecer tais comportamentos, as reações foram desde a dureza extrema de Jerônimo e Agostinho, com relação à mulher e a práticas conjugais, até a permissividade de alguns grupos cristãos que, ontem ou hoje, abençoam a união de gays. Muito recentemente, uma igreja cristã no Rio de Janeiro permitiu o casamento de dois pastores e outra igreja no Canadá cindiu-se por conta de um bispo que abandonou a esposa para casar-se com um fiel, enquanto insistia em continuar bispo daquela igreja. Bispos no Paraguai e nos Estados Unidos deixaram o episcopado por terem tido filhos fora do casamento.

Pecados graves de papas, bispos, padres e pastores são citados toda vez que o debate vem à tona, como prova de que as igrejas cristãs não têm autoridade para se opor às novas propostas de moralidade sexual vigentes entre os povos ainda ontem cristãos.

Perplexos. Perplexos como sempre, os cristãos pendulam entre condenar e permitir, tentar entender e negar-se ao debate. O prazer e o dever, as relações homem/mulher, as relações humanas e, agora, a mídia que as escancara em todas as portas e portais, continuam a ser enormes desafios para os pregadores.

Pecadores também eles, sabem que, se mexerem no vespeiro, sobrarão picadas para eles. Como Jesus desafiou os que acusavam a mulher, e apenas a ela, de adultério, eles gritam aos religiosos de agora: "Quem estiver sem pecado, atire a primeira pedra" (Jo 8,7). E a lista dos pecados de pregadores nos últimos anos é enorme. Demonstra a força da libido e a fragilidade humana. Pecados de cá e pecados de lá! Como sexo é diálogo, está mais do que claro que a falta do diálogo gera um sexo faltoso. Cabe às igrejas ensinar a canalizar riachos descontrolados da sociedade e, ela mesma, controlar os seus...

51. Amar para além do corpo

Bem casados. Toda pessoa bem casada, homem ou mulher, sabe que o amor, se for verdadeiro, transcende o corpo, é altruísta e porta gratuidade. É verdade que, no começo, as pessoas se encantam e se enfatuam com o olhar, o jeito, a pele, as medidas, a sensualidade de um corpo feminino ou masculino. É um fenômeno que contribui para o desejo, a busca e o acasalamento. Mas não deixa de ser isca. Os atrativos do corpo existem em função do atrativo da alma, melhor dizendo, dos atrativos da alma, que não podem ser vistos.

Sexualidade serena. Achar a própria sexualidade é achar-se. Saber que corpo aceitar e a quem dar o corpo está ligado à capacidade de saber a quem dar a alma e que alma aceitar por cúmplice e companheira. Isto supondo que a pessoa saiba o que é corpo e o que é alma. Minha mãe, quando amputou as duas pernas por conta do diabetes incontrolável, brincou dizendo que o corpo dela agora era só metade, mas ela continuava inteira. Analfabeta, sabia a diferença entre ser um corpo e ser uma pessoa. Não foi preciso filosofia para entender que ela era mais do que carne feminina. Deus não cria apenas corpos, cria pessoas.

Profundidade. No relacionamento entre homem e mulher, com o passar do tempo as relações se aprofundam e as responsabilidades se conjugam. Os atrativos da alma vão aparecendo e, com o tempo, a pessoa mostra-se mais encantada com a alma do que com o corpo da pessoa amada e admirada. Não é que ele despreze a beleza do corpo da sua esposa ou ela a dele; é que os dois conhecem beleza ainda maior: a do sentimento.

***

Cumplicidade e ética. A cumplicidade aumenta quanto mais se conhecem. O corpo dela não é o mesmo, nem o dele, mas os dois veem beleza um no outro. À força de juntar seus corpos para a festa do prazer responsável, algumas vezes por semana, ou várias vezes no mesmo dia, se for amor, acabam juntando suas almas para outra festa de prazer responsável: a que transcende ao desejo físico. Casais maduros sabem explicar o que sentem quando ficam juntos, cada qual cuidando do que lhe agrada naquele momento. Simplesmente não é hora de cumplicidade erótica.

Pertença. Quando o casal descobre a pertença, porque a conquista já se efetuou, ele não se imagina sem ela, ela não se imagina sem ele. Melhor ainda: ele não se imagina sem ser dela e ela não se imagina sem ser dele. É nessa beleza do matrimônio verdadeiramente vivido, entre sacrifícios e renúncias, que se situa a cumplicidade espiritual. É claro que o corpo tem suas belezas, mas a alma costuma ser muito mais bonita. Não estamos falando de corruptos, traficantes ou assassinos. Estas almas estão totalmente deformadas. Falamos do casal honesto e seus amores honestos.

Quando ele não descobre essa beleza interior dela, ou porque ela não mostra ou porque ele é cego; quando ela não descobre a beleza interior do seu homem, seguramente o casamento está em perigo. Às vezes, já deixou de ser casamento. Quem não vê beleza interior no outro, não descobriu o amor.

Casais em crise. Registrem essas reflexões os casais em crise. Talvez não tenham olhado mais intimamente o outro. Talvez tenham confundido intimidade com nudez, encontro sexual e toques. Há outra intimidade que nasce do encanto com o ser do outro. Depois de alguns anos, quem ainda continuar superficial, viverá seu casamento sem profundidade. Será casamento de alto risco. Lembram pessoas que precisam comer muito para sentir-se saciadas e, mesmo assim, não se saciam. Não aprenderam a alimentar-se.

Beber da fonte do outro. No amor sucede o mesmo. Amar é beber um da fonte do outro e ambos de fonte maior. Não é devorar-se. É saborear-se. O jeito de salvar um matrimônio é transcender. Para isso o amor foi feito. O casal deve saber que o sexo existe para além da procriação e costuma ser mais criativo do que procriador. Quando se torna, de fato, criativo, o casal descobre que, como numa rodada de pizzas, para um matrimônio dar certo não basta devorar a massa: há que se acrescentar sabores. E são estes sabores, não a massa, que salvam uma relação. Enfim, os dois precisam ser mais do que dois corpos sarados; precisam ser pessoas saborosas. Só o corpo não consegue satisfazer mulher alguma ou homem algum.

Pode ser que haja quem adore comer apenas a massa da pizza! Mas está comendo a casca e não a pizza...

52. Entre Eros e Ágape

*O que faz uma prisão não são as grades,
mas a falta da chave certa...*

Amor livre? Estes senhores e senhoras que falam de amor livre na televisão estão exercendo o direito que a Constituição lhes garante: pregar suas ideias sobre o que acham que seja viver. Mas eles sabem que não estão falando de amor. São suficientemente adultos para saber que estão pregando Eros, e pouco ou nada de Ágape e Philia, porque os três, cada qual a seu modo, são compromissados. Até Eros se compromete.

Amor supõe gratuidade, mas eles estão falando de gratificação, que é coisa totalmente diferente de gratuidade. *Fazer o que se quer com alguém que quer não é o mesmo que fazer o que se deve com alguém que aceita o dever e o compromisso.* Martin Buber, Eric Fromm e, outra vez, Herbert Marcuse, para falar de autores que eles talvez conheçam, além de uma centena de autores cristãos, deixam claro que amor, para ser livre, tem que aceitar ser preso, com a única diferença que ele tem a chave e é uma prisão aceita e desejada. *O que faz uma prisão não são as grades, mas a falta da chave certa...*

***

Disciplina. Martin Buber, no seu livro *Eu e tu*,[1] e Herbert Marcuse, em *Eros e civilização*[2] falam de sentimentos e gestos de quem controla a libido pelo bem da sociedade e de outra pessoa.

---

[1] São Paulo: Cortez e Moraes, 1979.
[2] Rio de Janeiro: Zahar, 1975.

No dizer de Marcuse, a civilização começou a dar certo quando a humanidade aprendeu a controlar seus instintos, não necessariamente a esmagá-los ou a jogá-los fora. Ao canalizá-los, ao aceitar o pode-não-pode da vida, ao admitir que não existe nem pode haver liberdade total e ao rejeitar o "vai quem quer, quando quer, com quem quer e do jeito que quer", a sociedade descobriu a sua sobrevivência.

Hino ao amor. Paulo de Tarso, ou Paulo apóstolo, se ocupa disso no hino ao amor. Jesus o santificou, dizem os católicos. Do jeito dele, Paulo, agora santo, porque portador do selo de qualidade do Cristo, disse que o amor não é sem-vergonha. É sensato, comedido, disciplinado, comprometido. O leitor fará bem em ler aquele poema que está em 1 Coríntios 13,1-18. O mesmo Paulo fala da paixão sem-vergonha e dos amores sem compromisso, na Primeira Carta aos Romanos, versículo 18 em diante. Vale a pena ler. Estabelece a diferença entre *crer no dono da vida e crer-se dono da vida*!

Esses senhores e senhoras não crentes têm, tanto quanto nós, o direito de pregar o amor da maneira como o encaram. Assim, outros brasileiros têm o direito de amar como acham que seja certo. A Constituição Brasileira diz que qualquer um pode expressar a sua opinião. Só não pode ensinar a fazer coquetéis molotov e jogar bombas em cabeça de criança ou de quem quer que seja.

***

Coquetéis molotov. Pois é o que esses pregadores do amor livre fazem, ao propor amor sem compromisso, prazer por prazer, paixão por paixão e ao cantar dizendo a esses jovens que não se reprimam. Quando os adolescentes e jovens despreparados para a vida resolvem não se reprimir, e quando as meninas aparecem grávidas aos 13 ou 15 anos, estes senhores e senhoras imediatamente se eximem de culpa dizendo que a mídia reflete, mas não forja comportamentos e que não era isso que queriam dizer... Mas disseram isso a várias adolescentes que gingavam as nádegas e as cinturas, com lingeries à mostra, no programa de auditório, guiadas por uma apresentadora simpática, enquanto cantavam "Não se reprima!"; ou que, com a dançarina de short revelador, dançavam "na boquinha da garrafa". Despreparadas e sem pai nem mãe para fazê-las pensar, elas aprenderam cedo a arte de seduzir. O sexo veio cedo demais, porque as insinuações vieram ainda mais cedo. Os compositores daquelas canções e seus intérpretes não estavam lá quando a menina, agora com 14 ou 15 anos, engravidou de um "cara" que jurou que a criança não era dele!

Sugeriram. Se não era esta a intenção, então que o tivessem dito com todas as letras que este tipo de comportamento faz mal, como se imprime hoje nos maços de cigarro. O amor não é tão livre quanto parece. Ele supõe compromisso, responsabilidade e o cuidado pela pessoa. Pode até ser bonito falar de amor livre, só que, se for totalmente livre, não será amor. Demos-lhe outro nome: "gandaia", por exemplo!...

53. A ditadura da estética

Para entender os trajes das suas filhas e amigas, bem como os dos homens, conheça melhor os mecanismos da indústria da moda. Ela dá emprego a milhões de pessoas e movimenta bilhões de dólares, euros, rublos, iuanes, ienes e reais por ano. Envolve o campo onde se planta a matéria-prima, a indústria que a beneficia, o comércio que a vende e a mídia que a divulga.

Para que se mantenham tantos empregos, a cada ano é preciso motivar principalmente as mulheres, os jovens, os adolescentes e as crianças ao desejo de mudar o guarda-roupa. Isto se faz pelas modelos, pelos trajes das pessoas em destaque, pelo marketing, pelo merchandising, pelas imagens. Por isso os trajes da estação precisam ser vestidos e mostrados. Nos estágios finais, a mulher é o sujeito e o destinatário mais visado. Se ela não mudar o guarda-roupa dela, das filhas, do marido, a indústria do tecido e da moda entrará em colapso. Os panos do corpo e os panos da casa seguram milhões de empregos.

***

Dos homens se espera que usem calções ou shorts masculinos para determinadas ginásticas, esportes ou competições. Eles se cobrem. Das mulheres, alguém determinou que, para certos esportes, usem biquínis ou tangas. É o caso do voleibol.

Percorra os programas de auditório e veja como se vestem os homens e as moças. Eles se cobrem, elas se revelam. Sob o pretexto de dança, comédia ou esporte, alguém decidiu que despir as moças e vestir os rapazes dá mais audiência. Mesmo quando o auditório é feminino, as moças se revelam mais porque lá fora há telespectadores a serem conquistados. Os homens prestarão mais atenção se houver mais corpos femininos à mostra.

***

Não tente entender estes corpos expostos à luz da ética. Na era dos holofotes e do visual, quase tudo é visto à luz da estética. Até mesmo os religiosos que desejam o sucesso para anunciar sua fé são escolhidos ou produzidos se aceitam isso, em função da aparência. A mensagem tem que ser erótica ou, não podendo, que seja vistosa e convidativa.

Isso explica por que, em pleno Natal, um sacerdote pregava a vinda de Jesus ao mundo com três mamães "noelas" de saias curtas ao fundo. Era Natal. O padre falava de um menino e a mídia falava de mulheres lindas, versão feminina de Papai Noel que dá presentes. Duas éticas debaixo da mesma estética.

***

Não são poucos os exemplos de imposição dos estilistas. A visão deles não é a mesma da sociedade ou dos crentes que formam 90% da população e que costumam ter uma visão mais rígida do corpo. Mas quem tem o meio, os veículos, o dinheiro e o marketing são eles. Então, eles vestem hoje a mulher que aparece, para que em pouco tempo as outras lhes sigam o exemplo. E seguem. A moda ganha as ruas, as quadras, as praias e os palcos.

Por mais influência que tenham, as igrejas perdem. Na era do "sou visto, logo existo", segundo Baudrillard, vence a estética, perde a ética. Não se perderia absolutamente nada se as moças que dançam vestissem roupas vistosas e mais longas, ou se as que jogam voleibol usassem calções como as que jogam futebol. Mas alguém criou aquele traje e hoje é impensável uma dupla que use o mesmo que as jogadoras de outros esportes vestem.

***

Perderam os pregadores de Bíblia e de Corão. Pelo menos aqui no Ocidente. Venceram os estilistas associados aos midiáticos. Imoral? Não necessariamente. Apenas ditatorial. Entre o que consideravam ditadura da moral cristã ou muçulmana e a ditadura de algumas indústrias que dependem da estética, venceu a ditadura da moda. Lembra os carrinhos de supermercado com crianças em baixo a dirigirem o veículo. Elas pensam que dirigem, mas vão aonde as mães as levam.

Grande número de compradoras também pensa que escolhe, mas na verdade não resiste às tendências da estação. Pergunte aos psicólogos e sociólogos. Há uma enorme diferença entre *quero vestir* e *tenho que vestir*... A urgência da estação renova os estoques e, de certa forma, os salários. Por isso, ousar e inovar em cima do corpo feminino é fundamental. Para isso a televisão e os esportes são determinantes. E isso, em grande parte, explica aqueles trajes! Igrejas não produzem moda!

> Sexo é laço. Se for suave, constrói. Se for armadilha e arapuca, acaba em vilania. A libido é coisa boa, mas não pode correr solta. Nem o riacho no fundo do seu quintal!

54. O leito santificado

Sexo aconselhado. Enganam-se os que pensam que a Igreja Católica é contra o sexo e contra o seu uso. Ela até considera sacramento – sinal do céu – a entrega mútua de corpo e de alma entre homem e mulher, livres e capazes de se amarem. Ela vê isso como sinal do amor de Deus pela humanidade. Portanto, uma Igreja que considera o casamento um sacramento jamais poderia ser contra o sexo.

Sexo proibido. O que a Igreja condena é o egoísmo que às vezes acontece nas relações sexuais, onde ele desfruta dela sem nenhum amor maior, e ela não tem nenhuma consideração pela pessoa dele. Mas, quando os dois se consideram, se admiram e se respeitam e pretendem passar uma vida em função do outro, a Igreja abençoa e chama isso de "Sinal do Reino".

Sexo e espiritualidade. Equivocam-se os que pensam que não existe espiritualidade no sexo. É claro que existe. A carne pode ser contra e pode ser a favor do espírito. A entrega de si mesmo, quando é feita dentro do respeito e do carinho, torna-se, mais que delírio carnal, enlevo espiritual. O Cântico dos Cânticos não seria aceito como inspirado, se negasse esta verdade. Existe oração no homem que se encanta com sua mulher e na mulher que se encanta com seu homem. Há santidade naquele prazer dos dois em função do lar e dos filhos que querem ou que criam.

Há espiritualidade na satisfação serena e mútua das necessidades dele e dela. A Igreja até considera falta de caridade negar-se à pessoa amada. Paulo recomenda esta entrega como caminho mútuo de santificação (1Cor 7,11). Está longe de ser um ato animal. É um ato humano, destinado não apenas a procriar, mas também a criar laços de ternura e de amor.

Laços sólidos. Quando o sexo é consequência dos laços de ternura, ele se torna cada dia mais bonito. Quando não há ternura nem respeito, torna-se cada dia mais compulsivo e machuca sempre mais. Para a Igreja, fica muito claro que a pregação do mundo sobre o sexo quase sempre parte do egoísmo e acaba no egoísmo. A proposta do uso da sexualidade na religião séria parte do altruísmo, prossegue e conclui-se no altruísmo.

Leito que santifica. Dizia, num congresso, um dos casais convidados: "Gostamos muito do físico um do outro. Afinal, é um dos presentes que vieram no pacote do casamento (risos). Mas gostamos muito mais do jeito de ser um do outro (aplausos). Não vivo sem o olhar, o sorriso, o carinho, as atenções e a paciência dessa mulher". E ela: "Não vivo sem o carinho, a proteção, as palavras e a presença desse homem (aplausos). Eu casei com o conteúdo: a casca e o invólucro vieram de presentes. Não vivemos em função da relação sexual, e sim das muitíssimas outras relações matrimoniais que dão sentido à relação sexual, quando ela acontece. O que nos une são nossas relações e não apenas aquela relação, que também é importante, mas não é tudo na nossa vida. Estamos casados por causa das nossas muitas relações matrimoniais e não apenas por causa das eventuais relações sexuais" (aplausos prolongados).

Quem acentua demais ou de menos o sexo no casamento ainda não descobriu nem o casamento nem a vida.

Catequeses de alteridade

55. O outro nos livros sagrados

Numa semana de janeiro me dei conta da direção das leituras propostas pela Igreja Católica aos seus sacerdotes, religiosos e monges. Apontava para a catequese de alteridade dos hebreus, que Jesus canonizou. Dirigia-se aos jovens. Os textos relembravam Tobias, Samuel e Daniel. O leitor achará os três numa Bíblia católica que admite 73 livros inspirados. Achará Samuel e Daniel numa Bíblia evangélica que não inclui Tobias. Opção nossa, opção deles. Isto não nos faz mais cristãos do que eles nem eles mais cristãos do que nós. Entre nós, o livro de Samuel vem antes de Rute e 1 Reis; o livro de Tobias vem depois de Neemias e antes de Judite; Daniel vem entre Ezequiel e Oseias.

Um bom observador perceberá a preocupação com o outro em narrativas como as de Ester, Rute, Samuel, Tobias e Daniel. Visam aos jovens catequizandos judeus. *Tobias*, livro escrito cerca de duzentos anos antes de Cristo, é o retrato do bom filho que peregrina, iluminado pelo anjo da medicina, Rafael, e por um servo anônimo que quer o seu bem, em busca do remédio para a cegueira do seu pai Tobite. No caminho pratica gestos de gentileza e bondade e encontra uma esposa que também praticava a alteridade. Tobias acha o remédio para o pai Tobite. A narrativa se demora em conselhos de vida para um bom filho e um bom jovem judeu.

> Até o fim da vida não esqueças o Senhor Deus.
> Não peques e não desobedeças sua lei.
> Segue pelo caminho do bem e foge do mau caminho.
> Sê generoso e não administres teus bens com avareza.
> Não deixes nunca de ajudar os pobres.
> Se tiveres muito, dá muito, se tiveres pouco, dá do teu pouco.

Evita a imoralidade sexual. Casa-te com moça boa.
Trata bem os teus empregados. Não atrases o pagamento.
Ouve os bons conselhos dos mais velhos.
Dá a quem tem fome e distribui do que te sobra.
Não faças aos outros o mal que não queres para ti.
Dá comida, roupa e apoio a quem precisa.
Arranja tempo para louvar o Senhor (cf. Tb 4,5-21).

Tobias é um hino ao bom filho, bom rapaz e bom cidadão judeu que mora no exílio, mas não trai a sua fé.

Daniel é o jovem que assume o papel de advogado, luta pelos direitos humanos, contra os corruptos do seu povo e profetiza em favor de uma jovem senhora oprimida e assediada por dois juízes safados e viciados em sexo. *Samuel* é o jovem honesto e piedoso que aprende a ouvir a voz de Deus, torna-se juiz e cresce para semear diálogo entre as tribos e transforma Israel em reino. O objetivo dessas catequeses é levar os jovens a ajudar os outros e lutar por uma nação justa.

O totalmente outro. Nem o Rig Veda, nem a Bíblia, nem o Alcorão teriam sido escritos, se o primeiro objetivo dessas religiões não fosse o "outro". No dizer diferenciado de Karl Barth e Karl Rahner, Deus é o *totalmente outro*. O mundo é feito de bilhões de outros. E eu só existo por causa do "outro", da "outra" e dos "outros".

Verdade óbvia. Eis aí uma verdade óbvia, que, contudo, anda esquecida em boa parte do marketing da mídia moderna. Nada contra ressaltar o indivíduo! O erro começa na competição e no ato intencional de diminuir o "eu" do outro para que o novo "eu" cresça e apareça. Políticos e religiosos em disputa por eleitores ou fiéis são mestres na arte de solapar o adversário e desmerecê-lo. O partido do outro não é competente, a igreja do outro não é igreja, o santo do outro não é assim tão santo, a história do outro não é história e o mártir do outro não é mártir... Sua caridade não supõe alteridade... Sentem-se mal quando têm que elogiar o outro.

Excesso de autoestima. Já vimos anteriormente que excesso de *autoestima* pode redundar em excesso de *alta estima*. Foi o caso da entrevista de um famosíssimo atleta nas páginas iniciais de uma grande revista, no ano de 2009. Prefiro poupá-lo e omitir seu celebrado nome. Suas respostas nada humildes, pouco gentis e nada sutis revelaram a necessidade de se comparar e até se exaltar ao mesmo nível do Papa, de presidentes norte-americanos e acima de outros atletas, com um leve passeio comparativo pela fama dele e a de Jesus. Deu a entender que era mais conhecido do que Jesus. E talvez o seja, posto que Jesus não é conhecido em todos os países e nunca contratou agente de marketing. Mas ao dizê-lo, como fizeram os Beatles pouco antes de se dissolverem, deu o passo maior do que a perna. Gostaria de estar aqui para ver se a fama dele durou 2 mil anos ou deu paz a milhões de humanos...

Não foi um bom momento da sua vida. Deixou-se levar mais pela alta estima do que pela autoestima. Foram respostas de alguém que não aceita descer nenhum degrau da fama; como se ela não passasse.

Diferente. Diferente foi Francisco de Assis que fundou a Ordem dos Irmãos Menores, a OFM. Não os queria apenas pequenos. Queria-os menores, *go-el*... Simples, sem luxo, sem vaidade, sem primeiros lugares, obedientes ao Papa.

***

Entrelinhas. Ler as entrelinhas de entrevistas de alguns famosos ajuda a entender o drama do eterno vencedor e a ânsia do primeiro lugar, contra os quais Jesus alertou os seus discípulos. Vira síndrome... O sujeito sempre dá um jeito de salientar que é primeiro em alguma coisa. Não podendo negar a história de quem tem maior nome que o seu, arranja um marqueteiro ou um entrevistador simpático que o ponha como primeiro e único em alguma coisa: rei do futebol, rei da canção, rei da fé, rei do fado, pioneiro do jazz no Brasil, pioneiro da canção religiosa na televisão, rainha das uvas, rainha das sandálias, rainha do rebolado! Pronto: nunca dantes neste país alguém chegou aonde ele ou ela chegou. Em pouco tempo a história da humanidade se divide entre antes deles e depois deles!

Sabedoria milenar. Chegou aonde devia o famoso atleta que, reconhecendo que seu título se esgotara, declarou que o novo astro era melhor do que ele. Dali em diante não seria mais o primeiro nem o maior. Aparecera alguém maior e melhor do que ele. Fez o que João Batista disse a respeito de Jesus. Pessoas agarradas à fama e ao primeiro lugar como atletas, artistas, pregadores, políticos mostram incapacidade de ser pessoas, quando desesperadamente defendem sua condição de primeiros e únicos.

***

Na lista dos corredores, fundista que já fora imbatível por dez anos amargava agora o décimo lugar. Perguntado sobre sua situação, respondeu tranquilo: era difícil ser primeiro e agora é difícil não ser. Mas seria pior se não estivesse aqui competindo... Mostrou maturidade.

***

Maiores e melhores do que nós. Em algumas ou muitas circunstâncias haverá alguém maior, mais bem-sucedido e melhor do que nós. Quem foi rei pode não perder a majestade, mas não poucas vezes perde o bom senso. Será mais majestade se passar o cetro e admitir que, em alguns aspectos, os outros sabem mais, podem mais e fazem melhor. A alguns famosos falta essa capacidade de descer do pódio e aplaudir quem subiu.

***

Eles passaram. Acontece nos partidos, nos estádios, nas igrejas, nos esportes, nas artes... Louis Armstrong, John Kennedy, Ella Fitzgerald, Elvis Presley, Pelé, Maradona, Marilyn

Monroe, os Beatles, Michael Jackson, Frank Sinatra, Carmen Miranda e centenas ou milhares de famosos dos últimos cinquenta anos foram ou estão indo juntar-se a César, Nero, Gengis Khan, Alexandre Magno, Nietzsche, Sartre, Napoleão, Platão, Aristóteles e a outros famosos que enfeitam galerias, paredes ou livros de história, nem sempre complacentes.

O palco não é mais deles. Por um tempo foram os melhores. O que disseram ou fizeram ainda serve de lição, mas já passaram. E Moisés, Jesus e Maomé? Para milhões, também eles passaram. Para outros milhões não passam e não passarão. Mas é interessante notar que a maioria dos que ainda repercutem viveu em alteridade: *muito alter e pouco auto! Praticaram mais a alter do que a autoajuda.*

56. Descidas e resgates

Nas trevas. Quem viu talvez entenda melhor os cristãos que falam de *kenosis* e de resgate. Os 37 mineiros chilenos aprisionados ao norte do Chile, no deserto do Atacama, na mina San José, em Copiapó, esperaram nas trevas, por dois meses, que os de cima os resgatassem. Embora estivessem lá, extraindo riquezas, por si mesmos não tinham recursos para se salvar. Escuridão e morte os rondavam.

Os de cima estudaram meios, abriram um túnel, criaram uma cápsula, enviaram luz e alimento, estudaram maneiras de resgatá-los, finalmente desceram um salvador, alguém que sabia o que fazer para trazê-los à luz.

Na catequese cristã é assim que se ensina. O ser humano estava aprisionado nas trevas da ignorância, do pecado, da violência e dos seus erros. Por si mesmo não veria a luz. Alguém criou as condições para que ele subisse. Este alguém desceu até eles e resgatou-os por meio de gestos e instrumentos, um deles chamado "cruz". Fez *kenosis* e resgatou.

Era Deus ou não era? Estávamos como aqueles 37 mineiros, e Jesus nos resgatou. E a ordem de resgate foi justa: o primeiro a receber cuidados foi alguém capaz de liderar e ajudar a resgatar os demais. A seguir foram salvos os mais enfraquecidos e abatidos pelas trevas da mina soterrada. Finalmente os mais fortes e, por último, o líder do grupo. Tem mais dever aquele que pode mais. Maior amor demonstra quem luta pelos que mais precisam. Finalmente, ele cuidou de seu próprio resgate.

O que aconteceu naquela mina no Chile dá uma ideia da catequese dos católicos: *kenosis e resgate*. Se alguém não pode subir, alguém de cima precisa descer até ele. Jesus fez isso! Um humano conseguiria tanto com tão poucos recursos materiais?

Na próxima vez que você precisar explicar a uma criança ou a uma pessoa de outra religião o que pensamos a respeito de Jesus, use estas palavras "*kenosis* e resgate", "descida e redenção". Conte a história da mina e dos mineiros soterrados nela. Sobreviveram com a ajuda de outros, de cima veio o socorro e eles puderam ver a luz porque alguém desceu até eles.

Com uma diferença: o Salvador de todos veio viver entre nós por muitos anos e só depois fez os gestos mais concretos de resgate. Não fez tudo em dois meses. Foi presença de mais de trinta anos. É que o resgate da humanidade era ainda mais exigente!

Crê quem pode! Duvida quem acha impossível! Agradece quem compreende os gestos e a vida de Jesus! Como o mal não vai embora por um estalo de dedos, seus deslizes e seus movimentos continuam soterrando. Para sorte nossa, Jesus continua resgatando. E assim será até o fim dos tempos. As vítimas do pecado podem confiar! Jesus ainda vem e ainda salva! Mas isto é questão de fé que nem todo mundo tem. Quem tem, agradeça e coopere!

> Num mundo cheio de libertadores políticos, capitalistas, marxistas, religiosos, muitos dos quais mataram os mal amados para libertar seus bem amados; num mundo cheio de tanques, ogivas, exércitos supertreinados e armados; num mundo de carnes estraçalhadas e queimadas por bombas, o frágil Jesus e o frágil Francisco nos ajudam a pensar. O que é preciso para que alguém liberte alguém? Matar os outros ou morrer pelos outros e por este alguém? Será o mundo capaz de entender esta linguagem?

57. Eu, tu, meu, teu

Se você ainda não refletiu sobre as ideias de Jesus nem do rabino Hillel, procure refletir. São duas fontes judaico-cristãs ricas de altruísmo. Jesus nasceu judeu e nunca deixou de ser judeu. Nós, seus seguidores, cremos que ele é o Filho de Deus, mas isto não o torna menos judeu, uma vez que escolheu nascer naquela cultura e naquela fé. Independentemente no que o leitor creia, há muito que aprender sobre ambos.

Da ascese de Jesus já conhecemos as sentenças:

> Bem como o Filho do homem não veio para ser servido, mas para servir e para dar a sua vida em resgate de muitos (Mt 20,28).
> Ninguém tem maior amor do que aquele que dá a sua vida pelos seus amigos (Jo 15,13).
> Então disse Jesus aos seus discípulos: "Se alguém quiser vir após mim, renuncie a si mesmo, tome sobre si a sua cruz e siga-me" (Mt 16,24).
> E disse-lhes: "Isto é o meu sangue, o sangue do novo testamento, que será derramado em favor de muitos" (Mc 14,24).

Citado no livro *Os judeus, o dinheiro e o mundo*,[1] de Jacques Attali, o rabino Hillel aborda quatro tipos de posse que expressam quatro comportamentos:

- 1) Meu-meu/teu-teu: o que é meu é meu e o que é teu é teu.
- 2) Meu-teu/teu-meu: o que é meu é teu e o que é teu é meu.
- 3) Meu-meu/teu-meu: o que é meu é meu e o que é teu é meu.
- 4) Meu-teu/teu-teu: o que é meu é teu e o que é teu é teu.

---
[1] São Paulo: Ed. Futura, 2002.

Somente o último conceito expressa sabedoria, porque somente ele contém a entrega de si, que vai além da barganha ou do exclusivismo. Somente a última postura reflete alteridade plena. Trata-se de ascese no mais alto grau. Poucas pessoas saberiam vivê-la.

***

Platão, na sua obra *Politeia*, traduzida como *A República*, também acentua que a cidadania consiste em alguém saber a diferença entre o "meu" e o "não meu". Quem não sabe o limite extrapola e toma posse. Mas toma posse do que é passageiro e isto soa como tomar posse de um rio. Teria que tomar posse outra vez e outra vez e outra vez, porque, a cada minuto, o rio não é mais a mesma água da qual ele se apossou. A água da qual ele tomou posse já foi adiante! Apossar-nos do efêmero é apossar-nos do que nunca será nosso...

58. Meu eu, o eu dos outros, o meu e o não meu...

Conhece-te e ama. Caso se tenha lido história da fé ou da filosofia, quando se ouve a frase "Conhece a ti mesmo", pensa-se em Sócrates. Quando se ouve alguém discorrer sobre conceito "meu e não meu", pensa-se em Platão. Se você é dado a leituras, quando ouve falar "meu-meu, teu-teu", pensa no rabino Hillel. Quando ouve o discurso da alteridade exigente e inteligente: "Amai os vossos inimigos, fazei bem aos que vos odeiam", pensa em Jesus Cristo. Buda e Maomé também deixaram preceitos de alteridade para seus seguidores. Quem começa uma forma de pensar e acolher a vida, buscar o Criador da vida e procurar entender os outros, cria caminhos de paz. Mas quem põe o indivíduo e o seu sucesso acima de tudo fundou uma súcia de bandidos, e não uma religião.

Conceitos de alteridade. Centenas, senão milhares de filósofos se debruçaram sobre o sentido da vida e do outro, na busca de significar a pessoa. Não há sabedoria onde não existe a inclusão do outro, porque aquele que exclui qualquer outro da maioria das suas decisões não é sábio; aquele que o inclui está mais perto da sabedoria. Distinga-se entre "outros" e "alguém".

Os eventuais seguidores de Sócrates, de Platão, do Rabino Hillel e de Jesus, mas também os leitores de Sartre, Engels, Schopenhauer, Locke e Hill's, mais cedo ou mais tarde vão se deparar com esse dilema, "eu *e* o outro, ou eu *ou* outro?", "ele *e* eu ou ele *ou* eu?", "Ele, na vez dele, e eu, na minha vez; ou eu sempre e o outro de vez em quando?".

Respondidas essas questões, terão, ainda, que se deparar com o fato de que o mundo não é composto apenas de *eu e ele*. Além dele e de mim, existe um outro ele e mais outro ele e mais outro ele; muitos eles e elas, muitos nós, muitos vós e todo um povo.

Limites da autoajuda. Aqui, os livros de autoajuda cessam e perdem sua força. Depois deles é preciso adentrar a filosofia e a teologia, que apontam para os outros e para o Totalmente Outro. Além disso, há que se mergulhar na psicologia, na sociologia, que são ciências muito mais provocadoras do que livros com receita de felicidade e de realização pessoal.

Dar excessiva importância a si mesmo e ao próprio trabalho, aos próprios livros, às próprias falas e à própria mensagem é sinal de pouca sabedoria.

Um, todos e alguns. Merece atenção o que São Paulo dizia numa das suas cartas. Ele afirmava que tudo o que fazia anunciando Jesus era para ver se salvava alguns... (Rm 11,14). Mesmo se vivesse hoje, em tempos de grande mídia e milhões de telespectadores, Paulo talvez dissesse o mesmo. Era um princípio! Os holofotes não o embasbacavam nem deslumbravam... Paulo não perseguia nem fama nem primeiros lugares. Tranquilamente se confessava pequeno e limitado, até mesmo quando reivindicou o título de apóstolo (1Cor 9,2). Não se esqueceu de lembrar, porém, que era o menor deles, porque sua vida pregressa o mostrava como fruto da misericórdia de Jesus (1Cor 15,9).

Pessoas joio e pessoas trigo. Jesus, que tinha mais de psicólogo do que os especialistas em comportamento humano gostam de admitir, ao fazer a comparação entre humanos-joio e humanos-trigo (Mt 13,25-29), deixou claro que é preciso dar à pessoa uma chance para provar que não é má. Se ela persistir no seu comportamento, será preciso confrontá-la. O joio não pode crescer a ponto de prejudicar o trigo.

Sem megalomania. Paulo foi a todos, mas nunca se propôs salvar o mundo inteiro. Nunca demonstrou certeza de que salvaria quem quer que fosse. De si mesmo dizia que alguém trabalhou nele, burilando-o, e agora ele trabalhava em si mesmo e operava com temor e tremor a própria salvação. E propunha o mesmo aos filipenses (Fl 2,12). Queria ser trigo e, se um dia fora joio, não era mais. Na lei da carne talvez não haja como o joio se tornar trigo, na do espírito, sim! A ciência pode não ter respostas cabais para uma pessoa violenta: a fé serena sim. A outra, a fé fanática, não só não salva como piora a pessoa. É a fé hipócrita que Jesus condenou com veemência. Os fariseus se achavam mais eleitos do que os outros (Mt 23,13). Para eles reservou palavras duras e diversos "ai de vós". Estava falando de alteridade! O megalômano não é capaz de vivê-la.

Humilde e sem marketing. Não imagino Paulo escrevendo um livro com o título "Palavras que mudarão você". Ele é mais do tipo que diria: "Palavras que podem ajudá-lo a motivar sua vida". Esse é um dos riscos do marketing excessivo da pessoa em vista da sua obra, ao invés do risco da obra sem o rosto da pessoa!

Os limites de quem se ajuda. Há limites para quem ajuda e há limites pra quem se ajuda. Admitir que precisamos de outros para sermos nós mesmos pode ser o começo da sabedoria.

59. Precisar de ajuda

Um senhor e uma senhora, já idosos e com problemas de saúde, disseram-me, recentemente, que se sentiam humilhados por precisar da ajuda do governo e de amigos; tinham trabalhado tanto e todo o seu trabalho não deu para garantir uma velhice tranquila!

Expliquei-lhes que Deus não se sentia humilhado e ele, que é o todo-poderoso, também precisa de ajuda. Muitas coisas que ele faz ele não envia do céu nem vem pessoalmente resolver; serve-se dos seus servos e, de repente, o pobre tem o seu remédio e a sua comida, porque Deus pediu a ajuda de um dos seus servos.

O servo foi ajudar outros dos seus servos. Deus não faz tudo. Ele conta com a nossa colaboração para fazer o bem. Então, se o todo-poderoso recorre à ajuda dos seus filhos, não há humilhação nenhuma em seus filhos enfermos ou com sérios problemas pedirem a ajuda e apoio.

***

Jesus leva isso tão a sério que em Mateus 25 diz quem é que vai para o céu: quem ajudou o outro que precisava. O mesmo Jesus diz que a vontade do Pai é que não se perca nenhum dos pequeninos, dos apequenados e machucados pela vida; em hebraico, o *go-el*, o sem ninguém por ele!

Quem tem precisa doar um pouco, quem sabe precisa ensinar e quem mais recebeu precisa repartir. É assim a lei do céu, deve ser assim a lei da terra. Lembrei ao casal que, quando eles puderam, ajudaram. Agora que não podem, alguém os ajuda. Nada mais justo que o Estado lhes retribua o que fizeram por mais de sessenta anos.

Ambos concordaram que realmente estão sendo ajudados. Não tem faltado remédio nem comida, nem atenção. Gostariam de não precisar, mas precisam. Respondi lembrando que muita gente sente prazer em ajudar. Faz bem a quem ajuda. Nada de sentir-se humilhado; ser ajudado é condição humana. Nascemos precisando de ajuda por muitos anos e, quando envelhecemos, precisamos de ajuda até o último dia. No período saudável fomos chamados a ajudar; e amar e ser amado equivale a ajudar e ser ajudado. O cristianismo se assenta sobre esses pilares. Entenderam!

60. Ceder de vez em quando

O escritor Stephen Bertman, num livro que analisa o custo humano da pressa, cunhou as palavras *cultura agorista* e *cultura apressada*. Ouros autores falam em vida urgente. Eu tenho escrito e usado em aulas a expressão "era do agora-já". O sentido é de fácil dedução. Na economia, em família, na fé e em outros campos do viver a pressa de obter resultados tem criado árvores que crescem com maior rapidez, mas cujos frutos não têm o mesmo sabor das que amadurecem no seu tempo. Assim com produtos, firmas e igrejas, assim com pessoas. Para se conseguir o quanto antes o que deveria amadurecer, cede-se demais ou de menos.

Ceder de vez em quando é sinal de sabedoria. Bons pais, que mantêm a disciplina e a rédea curta por amor aos filhos e pela pedagogia aprendida no decurso dos anos, sabem que o processo de educar um ser humano é lento. Há um momento de proibir e outro de permitir e até incentivar. Também o casal feliz sabe quando é vez de um deles ceder, porque também o matrimônio é um caminhar passo a passo.

Casais e pais felizes cedem no acidental e nunca no essencial. A macrodisciplina é mantida, mas há um relaxar saudável em determinados dias ou situações. Filhos devem perder de pouco: 6 x 4 está de bom tamanho. Nem eles nem os pais podem vencer em todas as situações, mas os pais devem obter mais vitórias para que os filhos conheçam o valor do sim e do não.

***

Ceda um pouco, mas não demais. Seus filhos de nariz arrebitado e cheios de reclamações devem saber que há um limite. Você não freia seu carro em todas as esquinas, mas a depender do semáforo e do tipo de esquina, é bom andar com o pé pronto para eventual freada. Bom motorista gasta mais tempo com o pé no acelerador e, ainda assim, com moderação. Faça o mesmo com seus filhos. Freie se for preciso, mas deixe claro que na sua casa há mais permissões do que proibições.

61. Urgentes e efêmeros

Imagine um casal que tivesse treinado tênis e pingue-pongue por três anos e, depois, decidisse jogar futebol. Passar das jogadas individuais para as coletivas supõe mudança de conceitos e de jeito. É o que grande número de pessoas rejeita. Querem continuar urgentes, imediatas, eficazes nos seus saques e nas suas jogadas. Buscam o destaque e o sucesso pessoal, esquecidas de que o sucesso coletivo é muito mais duradouro e eficaz. Mas é este o discurso da sociedade quase histérica que não admite que o segundo e o quinto lugar também são conquistas...

Melhor do que eu, psiquiatras e sociólogos famosos analisaram à exaustão o impacto do mercado, da mídia, do marketing e da fé urgente sobre uma sociedade que eles definiram como fractal, consumista, líquido-moderna, excrescente, deslumbrada e desenraizada. Tudo para dizer que as urgências do progresso estão apressando a pessoa. Frutos amadurecidos a força perdem muito da sua essência.

***

Ao apressar a vida e as pessoas, mercado e marketing criaram pessoas frouxas, espiritualmente pobres, famintas e cansadas, lembra Zygmunt Bauman em *Vida líquida*. É um mundo vertiginoso que tira lucro das vertigens que provoca, a começar com as drogas cada dia mais entorpecentes e cada dia mais criadoras de dependência. Entontecem para dominar e lucrar. Lembra a história da lebre que perdeu para a tartaruga porque, cheia de adrenalina, corria demais e se cansava. Num desses descansos foi ultrapassada pela tartaruga que andara devagar e sempre... Nos dias de hoje conviria acrescentar que a lebre acabou desorientada de tanto correr sem saber exatamente por que nem para onde corria...

***

Pode até soar como sabedoria, mas é sabedoria pouca deitar-se no barco e deixar o rio correr, quando não se conhece o rio nem por onde ele corre... Belos poemas e maravilhosas canções que multidões repetem falam da paz de quem deixa a vida levar o indivíduo. É uma parte da verdade. A outra fala do rapaz que se espatifou na cachoeira porque agarrou os remos tarde demais... Que o rio nos leve por um eito e que a vida nos conduza por um tempo, soa bem. Que os pseudofilósofos, que às vezes somos, deixem a vida singrar ao léu é coisa séria. É verdade que a vida tem seu jeito de nos conduzir, mas também é verdade que precisamos achar um jeito certo de conduzir nossa vida. Barcos e rios supõem remadores e navegadores. Com motor fica ainda melhor, mas alguém precisa estar no controle... Além do mais, é bom distinguir entre "a vida", que é mais abrangente e tem que ser solidária, e "nossa vida", que é sempre limitada, mas tem que achar o seu lugar no meio das outras vidas!

***

Por ter confiado no piloto automático, o comandante do gigantesco *Costa Concordia*, em janeiro de 2012, ausentou-se mais do que deveria da cabine de comando e arruinou sua vida e sua carreira. Também, décadas antes, o comandante russo de um Tupolev que deixou seus filhos na cabine, enquanto passeava pelo avião, matou a todos. Os meninos mexeram no piloto automático... Vidas e máquinas precisam de quem as controle. Na maioria dos casos controlar é salvar! A moça que pela quarta vez voltou bêbada da festa precisou de controle antes de espatifar sua jovem vida. Por mais que ela protestasse, ficara evidente que ela não controlava sua vida nem seus impulsos. O pai teve que fazê-lo.

***

A urgentização da vida provoca esses perigosos improvisos que parecem poesia, mas não poucas vezes terminam em tragédia. Vale para a ânsia de comprar o último lançamento, de conseguir a qualquer preço os ingressos do mais recente fenômeno mundial, para a angústia de comprar o último modelito e de conseguir lugar de destaque no carnaval; vale para os fiéis que mudam de pastor e de igreja como se muda de residência; vale para os famosos que mudam de emissora, de clube, de comunidade e de igreja sempre que aparece oportunidade maior. É a síndrome da crista da onda que, com o tempo, tem que ser a onda maior. Estar lá ou ter estado lá, mais do que sonho, torna-se obsessão.

***

Quando vendagem, números, convites, aplausos, holofotes tornam-se o objetivo número um de uma vida, perde-se o foco e o projeto. Com o tempo a pessoa ansiosa já nem mais se lembra de como começou, o que pretendia e quando aconteceu a guinada. Lembra outra vez o rapaz que começou tomando café com coca-cola para ficar acordado e acabou no crack. O desespero de ficar acordado para não perder o melhor das festas o transformara num zumbi.

O poderoso deus Mercado e a poderosa ninfa Mídia, com seus semideuses Marketing e Merchandising, criaram espaço para a sociedade que precisa dormir acordada para não perder os prazos, as prestações, as novas marcas e para não ser ultrapassada pelos grupos e produtos concorrentes. É uma sociedade urgentizada e acesa. Até a religião entrou na dança com suas novenas, trezenas, correntes e novos apelos para que o fiel não caia na tentação de mudar de igreja e para que o fiel da outra igreja caia na tentação de vir para a igreja que tem maior poder de marketing da fé. Significativamente, os grupos econômicos e as igrejas que mais cresceram nos últimos anos foram os que melhor usaram do marketing e que melhor agilizaram suas ofertas: tome posse agora, já, adquira agora, já, converta-se agora, já. Assumiram o efêmero como *modus vivendi*. Ensinam que o depois importa pouco: importante é tomar posse agora! A vida ou Deus proverão o resto!

***

Treinar pingue-pongue ou tênis e jogos individuais vicia as pessoas. Na hora de jogar o coletivo descobrem que não estão preparadas para dar o passe, soltar a bola e deixar que o outro faça o gol... Por que dariam a ele a glória, se desde criança aprenderam que o que faz mais gols é que leva o troféu? Na economia, na política, no esporte, nas igrejas, vale refletir sobre o que foi dito milênios atrás:

> Mas os que querem ser ricos caem em tentação, e em laço, e em muitas concupiscências loucas e nocivas, que submergem os homens na perdição e ruína (1Tm 6,9).
> O que foi semeado entre espinhos é o que ouve a palavra, mas os cuidados deste mundo e a sedução das riquezas sufocam a palavra, e ela fica infrutífera (Mt 13,22).
> Mas ai de vós, ricos! Porque já tendes o que vos consola (Lc 6,24).
> Os discípulos se admiraram destas suas palavras; mas Jesus, tornando a falar, disse-lhes: "Filhos, quão difícil é, para os que confiam nas riquezas, entrar no reino de Deus!" (Mc 10,24).

Jesus não era contra os ricos nem contra a riqueza como tal. Ela pode produzir o bem. Foi severo contra os que constroem sua vida fundados na mais-valia e excluem ou exploram as pessoas. Em Marcos 12,40, ele avisa que haverá castigo maior para quem usa da mensagem e explora as casas das viúvas. Do dinheiro dado pelos pobres e carentes tiram boa parte para seu próprio conforto e chamam a isso de bênção. Julgam merecer sua riqueza porque quem prega o evangelho é justo que viva do evangelho que pregou. É sofisma. Como pregam o evangelho do sucesso é justo que eles vivam do sucesso que pregaram....

Jesus condenou a vertigem e a volúpia do querer tudo o que se pode ter. Na verdade, toda riqueza e todo poder são efêmeros. Mesmo que criem obras que durem séculos, passam por mãos efêmeras. Que, aqueles que passam, administrem aquilo que passa com a consciência de quem sabe que há valores maiores! Saibam onde colocar o barro e onde depositar o ouro... Sábio é quem consegue aquilatar o justo valor das coisas. Usufruir é verbo para sábios e tolos. Um tira proveito, o outro engasga. A impressão é que nosso tempo anda engolindo sem mastigar. A cultura do liquidificador pode facilitar as coisas para quem perdeu a capacidade de mastigar, mas tira de quem tem saúde algumas funções vitais... Chega o dia em que a criança precisa deixar de lado a mamadeira! Palavras de Paulo, apóstolo (1Cor 3,2; Hb 5,13).

62. Grandes violências e grandes ausências

Na era do politicamente correto, na qual é de bom tom jamais se meter na vida alheia, muita gente perdeu a coragem de pôr os pingos nos is. Já que não querem dar nomes aos bois, ao menos pinguem os is... E um dos pingos nos is é o conceito de que "grandes ausências acabam em grandes violências".

Comecemos com os imperadores e massacradores de ontem, cheguemos aos ditadores de agora e não esqueçamos Hitler e os terroristas e assassinos de plantão à espera de mais um assalto. Estes não querem trabalho: querem possuir, nem que seja algo que já é do outro. Tanto melhor: não terão que trabalhar. Bastará assaltar e, em um ou dois minutos, ficarão mais ricos, e o outro, mais pobre.

Transfiramos isso para a política, para a corrupção e para os ditadores que invadiram e roubaram o patrimônio dos outros povos. Estudemos suas origens, suas famílias e suas carências ou excrescências. Ser amado de menos, amado demais, ter de menos ou demais pode dar em ausência. Faltou alguma coisa naquela vida e o buraco não foi preenchido.

Se tiver tempo, leia a mitologia grega e romana e terá ali um exemplo de deuses orgulhosos, agressivos, chantagistas, traidores, ausentes e guiados pelo instinto. Aqueles deuses, semideus, heróis e titãs tinham quase todos biografias manchadas por abandonos e violências. Poucos deles eram santos, fato que levou o salmista a gritar que o Deus deles era santo (Lv 11,44; 1Sm 2,2). Se era, não foi honrado, porque também os crentes no Deus único e santo massacraram povos inteiros, mulheres e crianças, e disseram que Deus os guiou naqueles massacres... Abra sua Bíblia ou seu Corão e verá essa dualidade.

***

Ausência de autoridade maior, ausência de autoridade coerente e santa, ausência de pais e de amor, ausência de leis e de juízes, ausência do Estado, ausência da Igreja, ausência de bom senso, ausência de escola, tudo isso pode degenerar em explosões de violência, porque a maioria dessas ausências se traduz em falta de educação para o diálogo e para a paz.

* * *

Mostre-me uma pessoa que dialoga e eu lhe mostrarei uma pessoa capaz de viver em paz. Mostre-me uma dona da verdade, intolerante, eleita a melhor e a maior, que não perde nunca, que não perdoa nunca, e eu lhe mostrarei alguém capaz de violência. Quem não aprende o sim e o não da vida acabará dizendo sim e não na hora errada.

* * *

Sem aprender a importância do sim e do não, ninguém amadurece. Desobedecer uma ou duas vezes a um sinal vermelho é coisa de pessoa distraída ou apressada. Mas sistematicamente espremer os outros carros, buzinar com raiva, ultrapassar em lugares perigosos, furar filas, ultrapassar o sinal vermelho, é desequilíbrio. O que tal pessoa faz com seu carro fará em outras situações. Precisa de ajuda urgente. Tem um ontem mal administrado!

> Perda de diálogo e de autoridade são duas das maiores perdas atuais... Há frases que não precisam ser explicadas. E esta é uma delas!...

63. A síndrome do "comigo não"

Há um comportamento sintomático dos nossos dias que se vê e se lê na mídia: o do indivíduo truculento e vingativo que não consegue nem quer perdoar. Sente-se primeiro e não abre mão do seu posto. Vai até o fim nas suas ameaças e na sua vingança, mata a pessoa que o venceu, ou que não lhe permite vencer; esmaga a quem não se deixa amar por ele, ou anula quem deixa de amá-lo. Faz e não se importa com as consequências. Com ele ninguém mexe, a ele ninguém desafia. Desafiado, ele decide "descriar" aquela pessoa, eliminá-la do mundo e da vida, porque ousou discordar dele ou trocá-lo por outro alguém.

***

Vingativo, incapaz de perdoar, age como um deus infinitamente apequenado, mas deus. O resto, ele verá. Se tiver dinheiro, pagará bons advogados para se livrar das punições humanas, porque a punição divina não lhe interessa. Sentindo-se deus, ele não teme nenhum outro deus. O único verdadeiro deus que ele reconhece é ele mesmo. Seu orgulho desmedido vive de exclamar: "Comigo não. O outro Deus perdoa, mas eu não. Os outros cedem, mas eu não. Os outros aceitam perder, mas eu não".

Antes e atrás deste "comigo não" há o "eu posso tudo", "eu sei tudo" e "eu sou o centro de tudo". Você já o viu retratado na mídia e no cinema. Eis aí um tipo de vitória que Deus rejeita e da qual Deus não participou nem jamais participaria.

> Quem não sabe perder e não admite nem segundo, nem terceiro, nem vigésimo, nem último lugar, este, seguramente, não merece ser primeiro.

64. Espiral de violência

Jesus nasceu num período assaz violento em Israel. Herodes, o Grande (44/37 a.C. a 4 d.C.), era também um grande assassino. Louco pelo poder, o idumeu matou sua esposa Mariamne, seus dois filhos, Alexandre e Aristóbulo, sua sogra Alexandra e muitos outros desafetos. Ao morrer, mandou reunir num estádio a nata da cidade com ordens para que fossem mortos. Assim, o reino choraria, senão por ele, por causa dele. Não é difícil imaginar que ele tenha mandado matar crianças...

No tempo da vida adulta de Jesus havia relativamente menos violência, embora os impostos chegassem a 60%, o que não deixa de ser uma forma de violência estatal. Lembra o Brasil de agora...

A violência voltou a explodir uns dez anos após a sua morte, quando terroristas implacáveis do grupo dos sicários semearam violências por toda a região. Roma reagiu, matando milhares de judeus rebeldes, até que, no tempo de Tito, Jerusalém foi arrasada.

Quem viu essa violência foram os primeiros cristãos. A proposta de paz e de perdão tinha sentido. Nenhum dos lados era flexível. Roma respondia com dureza. Lembra os tempos de hoje, tempos de Al Qaeda e outros terroristas. Qual foi, naquele tempo, a postura de Jesus? Pregou justiça social, diálogo e não violência. Mas disse o que precisava ser dito. Não fugiu ao tema, nem se refugiou apenas em milagres e orações. Quis mudar a mentalidade belicosa e belicista do seu tempo.

Foi morto não pelas preces que fez, mas pelas coisas que disse. Disse e fez. Morreu perdoando quem o matava.

***

Violência com violência. Chorar por um irmão morto sem ir à forra pode parecer covardia. Mas é muito mais humano chorar sobre um cadáver inocente do que, num acesso de ira, fazer outros cadáveres inocentes pagar a vida do inocente que morreu.

Tenhamos medo que o sangue necessariamente derramado se torne o sangue costumeiramente derramado. Quem mata para chegar ao poder muitas vezes mata para não sair dele. A História registra casos de governantes sanguinários que mataram mais gente depois que chegaram ao poder do que antes, quando o buscavam. Mataram para chegar ao poder em nome da liberdade do povo. Agora matam para ficar no poder, em nome da ordem conquistada.

Guerreiros e guerrilheiros. Alguns guerrilheiros se convertem. Se ontem mataram, hoje não matam mais. Mas são poucos. Muitos deles, se chegarem ao poder, continuarão matando. Preocupa-me o discurso dos que defendem os terroristas e os guerrilheiros. Admiradores e terroristas dizem que às vezes é preciso matar. Este "às vezes" aos poucos se torna "muitas vezes".

Lamentam a morte de inocentes, mas dizem que, quando chegarem ao poder, haverá menos violência, porque a violência deles agora é necessária. A História, porém, registra que a maioria dos que chegaram ao poder não sabia mais distinguir o inocente do culpado. A maioria também não soube mais quando parar de matar. É que a violência se transforma num costume.

Jesus estava certo, quando proibiu seu discípulo Pedro de fazer uso da espada. Mandou guardá-la na bainha (Mt 26,52). E deixou claro que ele tinha meios de se defender, se fosse o caso, mas nunca pela violência. Morreu perdoando seus agressores. Foi assassinado por ter pregado a paz.

***

Luther King, Mahatma Gandhi e Dom Oscar Romero morreram enquanto pregavam a paz. Milhares de mártires morreram por ter pregado justiça e paz. Merecem este nome porque morreram sem matar. Assassinos não podem ser chamados de mártires. Seu testemunho se manchou de sangue. Milhares de guerrilheiros morreram por ter pregado violência e por tê-la praticado. Certamente não foram mortos por pregar a paz a o perdão.

Os mártires morreram porque é impossível pregar fraternidade e paz sem pregar justiça. Alguém resolveu eliminá-los. Nos criminosos o que doeu foi o grito por igualdade, perdão, democracia, controle do poder, partilha do poder, direitos iguais. Se os pregadores da paz só tivessem pedido não violência, teriam sobrevivido. Mas foram longe demais com a sua paz. Era uma paz que exigia direitos iguais. Aí, não!

**

Incomoda-me ver como, no mundo de hoje, a maioria das pessoas luta não pela paz, mas pela paz do jeito delas. Preferencialmente, sem justiça nem direitos humanos. Olhemos o mundo ao nosso redor. Olhemos a História. É triste, mas é verdade. Em nome da paz, milhões de pessoas morreram sem carregar nem menos um alfinete na mão. Seu problema foi um só: ousar gritar por mais liberdade, pelo direito de falar, pelo direito de pensar, pelo direito de crer.

As palavras "direito" e "outro" já incomodaram milhões de poderosos. Nunca vai existir paz se, ao brigarmos pelo nosso direito, não brigarmos também pelo direito dos outros, mesmo que eles sejam nossos inimigos...

65. Violência inexplicável

Para um católico foi e é difícil explicar episódios como a inquisição, os gestos e a vida de alguns padres e cardeais, os casos Galileu Galilei e Giordano Bruno, a morte de Joana D'Arc, a cruzada de crianças para libertar Jerusalém, a aceitação de servos e escravos, o fausto e o luxo de religiosos e uma série de contradições vividas em nome da fé.

Para um não católico é difícil explicar os excessos cometidos em nome da Bíblia por personagens como Henrique VIII, João Huss, Lutero e Calvino. Para um comunista é complicado explicar o humanismo de sua ideologia depois da Hungria, da Tchecoslováquia, da Polônia, do Afeganistão, Camboja, Vietnã, Kolkhozes, Stalinismo, Maoísmo, KGB, clínicas psiquiátricas a serviço da repressão, o martírio dos dissidentes, a vasta rede de espionagem, os armamentos e o fracasso do seu humanismo sem liberdade.

Para um capitalista não há nem o que explicar. O capitalista propõe pouca coisa, exceto que o homem deve ser livre para possuir o quanto puder. Os controles, ele aceita como um mal inevitável. E para salvar, não povos, mas interesses econômicos, fez o que fez no Chile, no Cone Sul e na América Central.

A verdade é que, quando não levamos Deus ou o ser humano a sério, somos perigosos e violentos. Crer num Deus mais pai nosso do que dos outros, ou negar um pai universal, em muitos casos, mais cedo ou mais tarde, significa brutalizar os outros. A violência é o resultado da coisificação do outro.

66. As raízes da violência

Não nos iludamos. Os historiadores não mentem quando mostram que o mundo sempre navegou nas águas da violência. Donos do dinheiro e do poder, donos da fé, donos de terras, donos de escravos, bandidos, políticos, religiosos, e até pais, filhos e cidadãos comuns a praticaram. A Bíblia não esconde os fatos. Começa com a narrativa exemplar de Caim e Abel. Um irmão matou o outro por ciúme de Deus e por sentir-se desvalorizado. Atrás do simbolismo está uma das raízes da violência: a competição e a inconformidade.

Mas as principais raízes da violência estão na luta pelo dinheiro, na luta pelo poder, na conquista e na defesa de território com subsolo rico de água, metais, pedras preciosas, petróleo, na posição estratégica, na demarcação ou alargamento de fronteiras, na expansão ou defesa da religião, e finalmente em drogas, conflitos étnicos e outras centenas de causas que acabam levando à violência. Entre elas, a comunicação.

***

Violência mal explicada. É ingenuidade crer que nossa violência de hoje não gerará a violência de amanhã. É malícia ou ingenuidade esperar que cenas de violência mostradas hoje em filmes ou em desenhos animados pela televisão não levarão considerável número de crianças, jovens e adultos a procurar tais cenas e eventualmente a reproduzi-las.

Caim, Nero, Moisés, Elias, Davi, Maomé, Henrique VIII, Calvino, Alexandre VI, papas, reis, cardeais, aiatolás, líderes católicos, muçulmanos e evangélicos, Stalin, Hitler, Mussolini, Fidel Castro, Pinochet, Al Qaeda, ETA, Saddam Hussein, Bokassa, Idi Amin, Harry Truman, Al Capone, George Bush, praticaram ou permitiram a prática da violência e cada um teve suas explicações.

Seus admiradores sempre acharam uma explicação pelo que seus admirados líderes tiveram que fazer naqueles dias. Dizem que era resposta às ameaças de fora. A culpa era sempre dos outros.

***

Assassinos e violentos. Foi com essas explicações que milhares, milhões até, morreram cortados, assados, enterrados vivos, atravessados, massacrados, em nome da pátria, de fronteiras, da fé única e verdadeira, do Deus único e verdadeiro. Foi com essas explicações que eles mandaram matar, permitiram que se matasse e até incentivaram os seus seguidores a matar. Ninguém quer ser chamado de assassino, nem comparado com outros que mataram, mas a verdade é que mataram e mandaram matar em nome do Estado, da ideologia, da revolução, da situação e da fé.

***

Por causa do primeiro lugar. Jesus, seus apóstolos, Mahatma Gandhi, Luther King e os que nunca mandaram matar, morreram porque incomodaram algum grupo político ameaçado de perder a hegemonia ou desejoso de alcançá-la. Algum rei, algum nobre, algum dono de comércio, alguma corporação, algum grupo de poder, alguma religião matou porque não admitia competição. Religiosos invadiram países em nome da fé universal e única. Em nome da fé, países invadidos retribuíram com cruzadas santas. Os seguidores de Javé, os de Alá e os de Cristo não poucas vezes se mataram em nome da verdade que eles acreditavam proteger.

***

E há os bandidos, os que matam por um tênis, um carro, um relógio, uma correntinha de ouro. Violência doméstica, violência na rua, entre os ricos, entre os pobres, entre traficantes e bandidos, no vídeo, nos livros, nas revistas, nos discos, nas canções, no desenho animado; palavrões, ofensas à honra, calúnias, ameaças, gente armada, violência nos esportes, todos eles geraram violência.

***

Insensibilidade. Fome de um lado, miséria extrema perto de riqueza extrema, insensibilidade inacreditável de quem podia ajudar, mas não ajudou. Escravidão, venda de pessoas, escravas do sexo, escravos braçais, tudo isso somado deu em bilhões de seres humanos mortos ou sacrificados.

Caluniadores. Os humanos são animais violentos! Ursos e leões não fabricam ogivas nem bombas, nem as jogam sobre manadas. Matam menos e, na maioria dos casos, matam para alimentar-se ou para se defender. Os humanos matam e se estimulam a matar. Quando não matam, aleijam moralmente com uma grande e bem urdida calúnia espalhada pela mídia. Poucas ferramentas ferem mais do que uma calúnia reproduzida por centenas de jornais e emissoras.

A pessoa caluniada, por mais que se defenda, nunca volta a ser a mesma. Pior ainda: paira sempre uma dúvida em quem ouviu ou leu a acusação. Até os amigos se perguntam se não foi verdade. Calúnia é ferida que tira pedaços da pessoa e raramente cicatriza. Animais não usam desta arma porque não falam nem imprimem. É arma dos humanos covardes e cruéis.

> Levará séculos para educar para a paz e para a convivência, porque, além de serem violentos, os humanos justificam a sua violência com livros, filmes e argumentos filosóficos e teológicos.

Fé e violência. As igrejas poderiam ajudar, mas muitas não ajudam nem querem, porque seus pregadores ensinam a doutrina da eleição divina e predominância e superioridade do seu grupo sobre os outros. São mais de Deus do que os outros, e Deus é mais deles do que dos outros. As escolas poderiam ajudar, mas muitas delas mal conseguem controlar a violência de seus alunos. A mídia poderia ajudar, mas, pelo que mostra, está longe de querer educar as pessoas para a paz.

Mídia violenta. Há uma classe de jornalistas e editores que de vez em quando ajudam o povo a chorar sobre seus mortos, mas minutos depois mostram cenas de agressões para conseguir ibope. No noticiário é tragédia, no programa seguinte é diversão! Choram na morte real e depois comem pipoca na morte fictícia... Mas trata-se de cenas de violência. Uma enorme indústria bélica fatura bilhões com armas cujo projeto é matar ou intimidar. A droga não se sustenta sem máfias e sem violência. Há jogos violentos nos campos, nas quadras e na televisão.

Clube atômico. Cientistas criaram em Los Alamos, Estados Unidos, as primeiras bombas atômicas. O primeiro país que as fabricou também as usou contra Hiroshima e Nagasaki, no Japão. Morreram mais de 100 mil inocentes. Aquela inimaginável violência foi justificada. O que no passado levava décadas ou centenas de anos, arrasou aqueles lares em menos de três segundos. Estava criado o inferno e um poder demoníaco havia sido descoberto. Ai do povo que ousasse desafiar o primeiro país do mundo! Ele tinha centenas de demônios estocados em seus silos nucleares.

Muitos infernos. Em pouco tempo estava aceito o desafio. Outras nações descobriram como fabricar a morte por atacado. Rússia, Inglaterra, França, China e, mais tarde, outros povos. O Irã, na década de 2000, desafiou o mundo e segue adiante na construção da sua morte por atacado. Calcula-se que pelo menos 11 países detenham a capacidade de fabricar sua própria bomba. O aviso é o mesmo: não nos ataquem porque podemos retaliar. Nós também sabemos matar em grande escala! O que teria acontecido se aqueles terroristas que destruíram as Torres Gêmeas do WTC tivessem uma bomba atômica naqueles aviões?

Agressores. Criamos sociedades competitivas e agressivas que, quando não conseguem seus objetivos na mesa de negociação, atacam e destroem, e, depois, pedem aos outros povos que as ajudem a reconstruir o que destruíram contra a vontade destes mesmos povos.

Fazer o que diante dessa violência:

- *pessoal;*
- *grupal;*
- *de gangues;*
- *estatal;*
- *subversiva;*
- *terrorista;*
- *de fundo religioso;*
- *doméstica;*
- *da rua;*
- *de governos;*
- *de periferia;*
- *na mídia;*
- *na escola?????????????*

Até os crentes. Ela está até mesmo entre religiosos que, se puderem mostrar o pecado das outras igrejas, mostram na primeira página de seus jornais. Se puderem silenciar ou prejudicar o outro, é isso o que farão. E à noite louvarão o Senhor pelas vitórias conseguidas...

Crianças e jovens violentos são frutos de uma sociedade violenta. Foram semeados e cultivados e agora queremos que não nos agridam. Plantamos pimenta e não queremos que ela arda. Deixamos que semeassem o mau cheiro e agora queremos que o Governo o perfume!

A paz é possível, mas vai levar quase tanto tempo quanto gastamos para produzir a violência que hoje colhemos. O jeito será replantá-la de porta em porta e de canteiro em canteiro! Colheremos alguns frutos, mas não veremos a maioria deles. Não importa! O futuro nos agradecerá!

> Vai levar décadas e séculos para corrigirmos a violência que foi semeada e até recolhermos todas as minas que foram plantadas ao redor do planeta.

67. Tudo simples, tudo complicado

Nunca deixam como era. Os humanos têm o costume de simplificar demais o complicado e complicar demais o simples. O casal que optou por não ter filhos, mas gasta mensalmente dois mil reais com seu lindíssimo cão, supersimplificou. Pode-se complicar ou simplificar a vida, assumindo-a ou rejeitando-a. E ela, em si, não é nem simples nem complicada. O que complica as coisas é não sabermos o que fazer por ela e com ela.

Tome-se, por exemplo, a questão comer, beber, dormir, vestir e fazer sexo. De maneira simples, a natureza supõe que o indivíduo durma o suficiente, vista-se primeiro para proteger o corpo e, depois, para orná-lo, coma o suficiente, beba o suficiente e se relacione de maneira adequada. Surgem, então, os elementos gratificação, compensação, prazer e satisfação. É a luta entre o desejar e o querer. Desejo ou vontade descontrolados levam o indivíduo a dormir demais ou de menos, beber demais ou de menos, comer demais ou de menos, despir-se demais ou de menos, e relacionar-se errado com a pessoa errada e a dar ou buscar prazer com alguém que não é capaz de assumir as suas consequências.

Desordem. O desejo desordenado e a vontade fragilizada tornam o indivíduo um alcoólatra, um anoréxico, um comilão, uma pessoa pornográfica, um sujeito erotizado. O que poderia ser simples e natural se complica, porque o indivíduo não sabe parar. Quer ir um pouco mais longe e, no dizer geral, "explorar todas as suas possibilidades"...

É assim com o dinheiro errado em mãos erradas, bebida errada em hora errada, sexo errado com pessoa errada. A pessoa que cultiva o "vale-tudo" corre o risco de valer cada dia menos.

Não sabendo e não aceitando limites, mostra o tamanho da sua limitação...

Paixão e confusão. As paixões geram a maioria dos problemas humanos. É mais do que natural que mulher e homem sintam necessidade de carinho, natural que desejem procriar, natural que sintam atração pelo corpo um do outro. Mas, quando não compreendem como, com quem, por que e para quê, os desvios se agigantam. Quase ninguém para na pequena droga e na pequena dose...

O grande perigo dos relacionamentos é o "qualquer um e de qualquer jeito, a qualquer hora e por qualquer motivo". No aconselhamento, os profissionais costumam propor ao indivíduo o sentido da motivação e o seu controle.

Por que e para quê. Em outras palavras, a psicologia positiva dedica-se a melhorar o desempenho da pessoa como pessoa, assim como se pode melhorar o desempenho de um motor ou ensinar o condutor a controlá-lo; mais fogo, menos fogo, mais freio, menos freio, marcha a ré, quando é preciso...

São raros os acidentes quando o condutor aprende a fazer uso dos motores. Na vida, também! Não é tão complicado controlar nossas motivações, mas também não é tão simples. Como tudo na vida, é preciso aprendizado e ponderação. Há coisas que desejamos e não devemos querer, e coisas que não queremos e precisamos querer. Embora não desejemos ir à escola nem ao trabalho em dia de chuva, devemos ir. E há um não para o diabético que não resiste a um bolo hiperaçucarado.

Desejo, mas não quero! Não desejo, mas não tenho escolha, por isso quero limpar a minha casa e lavar o banheiro... Desejo, mas não tenho escolha. Não quero porque este bolo de chocolate pode elevar meu diabetes à escala de 700 mg/dl. É por não pautar direito o nosso desejar e o nosso querer que acabamos nos machucando e machucando os outros.

Educar a vontade. Pense nisso e comece, desde agora, se já não começou, a educar a sua vontade. Sete bilhões de humanos precisam fazer isso. Crianças e idosos nem sempre conseguem. Enfermos ou prisioneiros de algum vício, também não. Se você é daqueles que fazem tudo o que deseja e a quem nada se proíbe, procure ajuda: você está mais enfermo do que se imagina! Simplificar ou complicar demais é sintoma de descontrole. Motores descontrolados derrubam até o mais possante dos aviões...

68. Cidadania na calçada

Olhei a calçada e a sarjeta, enquanto caminhava. Estavam cobertas de mato. Num trecho e noutro havia dejetos; até uma perninha de boneca repousava junto ao bueiro. Esperava a próxima chuva!

Pasme o leitor, no número 800, para entrar na sua casa, um senhor havia feito uma pequena plataforma de cimento sem deixar espaço para a água. Com isso, na próxima chuva a água seria represada. É fácil imaginar o que aconteceria. Fazer uma plataforma de ferro talvez custasse demais. Deixar na garagem uma plataforma móvel incomodaria. Então, ele interferiu no fluxo da água sem se importar com a consequência, que será a água a se espraiar pela rua e pela calçada do vizinho.

***

Todos os dias pequenos atos de incivilidade e de anticidadania tornam difícil a vida em comum. Isto porque o dono de uma casa, às vezes, não se importa com o dono da outra. Pensa apenas nele e na sua moradia, mas esquece que existe uma relação estreita entre as casas de uma rua ou de um bairro.

O outro deixou o carro embicado na casa, mas como a garagem era pequena, o carro ocupa um pedaço da calçada. Ele conhece a lei, mas arrisca! O transeunte é obrigado se desviar. A prefeitura sabe o que fazer, mas nada faz. Era só exigir que ele abrisse um buraco na casa e embicasse o carro um pouco mais para dentro. Ele perderia espaço no quarto, mas o transeunte não teria que se desviar. A calçada é de todos!

Bitucas de cigarros por toda a parte, plástico à beira dos bueiros... Todos sabem que não devem sujar a rua, mas alguém faz e outro alguém também. De falta de cidadania em falta de cidadania, a cidade míngua, e a prefeitura gasta mais recursos do que poderia porque a sujeira encarece tudo. Tudo custa dinheiro, mas custaria menos se os cidadãos sujassem menos.

***

Diga isso para o cidadão imediatista que tem o papel na mão e não pretende guardá-lo no bolso, nem esperar a próxima lata de lixo. Ele fará um muxoxo. Se não ficar irado, vai perguntar quem é você para se meter na vida dele. E seria o caso de você perguntar quem é ele para sujar a cidade que não é só dele...

O Brasil precisa não apenas de escolas, mas de boas escolas, não apenas de pai e mãe, mas de pais e mães que eduquem os filhos. Levará talvez cinquenta anos até que toda uma geração se reeduque para o meu-meu e o teu-teu. A palavra *alteridade* tem feito falta neste país... Uma casa e uma cidade se medem pelo seu grau de limpeza. Um país também!

69. Quedas e escorregões

Nuvem densa e bonita que nunca chove não cumpre uma das suas finalidades precípuas: regar o solo. Pessoa densa e bonita que não descarrega o seu conteúdo é como nuvem que não chove. Passa e, ao passar, não muda absolutamente nada. Não aprendeu a cair. Nuvem boa, cai!

***

Frutos podres em árvore sadia. É o drama do ser humano. Alguns são como fruta sadia por dentro e por fora. Outros parecem sadios por fora, mas por dentro estão podres. E passam por frutos sazonados. Mas basta abri-los para ver o que são. Não é por menos que João Batista e Jesus começam suas pregações propondo mudança de atitudes! A falta de coerência é um dos maiores dramas do ser humano. E é bom que admitamos que também nós nem sempre somos quem dizemos ser!

***

Quedas e escorregões. Cair é contingência. Um dia, todos caímos e escorregamos, de leve ou pesadamente. Então, é melhor que sejamos introduzidos à catequese do cair. Saber cair é sabedoria. Atletas aprendem a cair, o paraquedista recebe lições de cair do jeito certo, patinadores, fundistas, bailarinos e jogadores das mais diversas modalidades sabem cair.

Há quedas que fazem parte do jogo ou do caminho. Há outras que poderiam ser evitadas. Muitos caem porque queriam cair. Outros, não contavam com o tombo. Faltou quem os previnisse. Não se anda por caminhos escorregadios sem os devidos cuidados...

Mas, de todas as quedas, a provocada pelo orgulho é a pior. O sujeito foi avisado, mas seu orgulho era tanto que achou que com ele não aconteceria. É para ele, principalmente, a sentença:

"Quem está em pé, cuide-se para não cair!". Ninguém conduza o outro para a ruína (Mt 15,14). O orgulhoso, porém, não cai: estatela!

***

Alteridade circunscrita. Vício é o que se torna a proximidade com o poder. Aquele governante guerrilheiro que desceu vitorioso da montanha e, após expulsar um tirano de direita do poder, governou como tirano de esquerda por cinquenta anos, tinha o vício do poder. Muito simpático e excelente comunicador, convenceu muitos da sua ideologia e a outros ingênuos de que era um libertador. Mas as mortes que provocou e os amigos que deixou apodrecer no cárcere, enquanto recebia ovações por onde andava, contavam histórias sobre sua alteridade circunscrita. Bom era quem aceitava sua liderança. Mau era quem desafiava suas ordens. E quando os projetos não davam certo, a culpa era dos de fora... Só a doença o derrubou.

Mancomunado. O governante que foi líder por quase trinta anos e puxou dinheiro e bens do povo para sua família tinha um vício, à mercê do qual vivia: estar no poder. Não tinha pulso nem vocação para timoneiro, mas queria desesperadamente o posto. Uma vez lá, não sabia produzir riqueza, nem trabalho, nem assessorar-se de técnicos e políticos competentes. O vício do poder faz a pessoa pensar que sem ela o país ou a cidade parariam. Com elas, porém, seu povo dá marcha a ré! O pouco bem que espalha não justifica o grande mal que costuma causar.

Mídia e poder. Em si mesma a mídia já é um poder. Faz cabeças e corações. Persuade e ocupa vidas. Está onde nem igrejas nem governantes chegam. Novelistas, repórteres, animadores de rádio e televisão, artistas e cantores chegam mais perto do povo que pregadores e políticos.

Há poder e perigo na mídia. Maravilhosa por alguns ângulos, por outros, ela é cavilosa. Quando se juntam mídia fácil e superficial com espetáculos superficiais e religião superficial, o que sobra é lagoa rasa. Quem mergulhar sairá de cabeça esfolada.

Sem profundidade. Um perpassar e um girar de canais mostrarão, com honrosas exceções, desfiles de mulheres bonitas, mas sem profundidade; novelas e histórias de violência e agressão, sem o cuidado de mostrar seus efeitos devastadores; verá o espetáculo pelo espetáculo. Nos mesmos meios há doutrinas sérias, mensagens sérias e gente séria, mas tudo aparece no meio de cenas, conversas e shows de superficialidade que assusta. É como ter que procurar pedras preciosas num mar de cascalhos.

Escolher o apresentador, o artista, o pregador e a cantora é sinal de maturidade. Saber desligar e mudar de canal é sabedoria. Quem deseja comprar cultura não vai ao açougue. Quem quer religião não se liga em qualquer pregador.

70. Crime de omissão

Uma coisa é estar na multidão, outra, na multidão conturbada e perturbada. Motivada para o bem, a multidão liberta e salva. Motivada para o mal, ela esmaga e destrói. É o que acontece quando os grevistas queimam vagões, ônibus, casas, lojas e postos de gasolina. Os irados seguem o mais irado.

Foi isto que aconteceu em São Paulo na última semana de abril de 2011. Pela enésima vez, indivíduos que não raciocinam, quando reagem a algum acontecimento, incapazes de ponderação, mataram um inocente. O motorista de 59 anos passara mal e tonto não por bebida, mas por mal súbito, perdeu o controle do ônibus. Havia um baile funk na praça. O ônibus bateu em motos e carros. Seus donos imaginaram o pior e o julgaram e condenaram sem lhe dar o direito de se defender, até porque não poderia, porque estava passando mal.

***

Enfurecidos pelos amasso e pelos arranhões nos seus bens, não quiseram ouvir os passageiros. Decretaram que o motorista bebera. Trinta trogloditas o lincharam e mataram ali mesmo, na rua, tendo usado até o extintor de incêndio do ônibus; sinal de que tiveram tempo de raciocinar. Mataram um enfermo. Todos eles. Não ouviram as testemunhas. Não quiseram provas. Não admitiram defesa.

A multidão é perigosa. Mais ainda quando acha que sabe das coisas. Fica pior quando se deixa levar por líderes desqualificados e com ódio na alma. Eu mesmo corri risco de morte em Porto Alegre. Acho que meu crucifixo me salvou. Tomados de ódio, cerca de dez indivíduos chutavam um garoto ladrão caído ao chão. Ele roubara a corrente de ouro de uma transeunte. Usei da razão e gritei que era padre e que parassem com o linchamento, porque a polícia estava chegando. Se o rapaz morresse, eles pegariam pelo menos quinze anos de cadeia, cada um deles!

Um engravatado ainda gritou: "Os padres sempre defendem os bandidos". Retruquei que estava defendendo um ladrão e que o assassino seria ele, se o rapaz morresse. Eu estava defendendo a família dele, porque se ele fosse preso por morte sua família o perderia. Calou-se.

***

Conheço multidão enfurecida. Moro em São Paulo, onde já vi pelo menos cinco episódios desses. Enlouquecidos, eles incendeiam o que veem pela frente. Os incitadores raramente são presos, porque sabem fugir na hora certa. Já vi um rapaz de 17 anos munir-se de um porrete e mirar a cabeça do seu desafeto. Teria matado se o rapaz não se desviasse. Os colegas lhe tomaram o porrete e o subjugaram para evitar que se tornasse um assassino. Nas greves há os sensatos e há os canalhas que incitam e fogem na hora certa. Os sensatos raramente são ouvidos.

Multidão é um bando de pessoas que se junta e cada qual sabe seu lugar. Turba são pessoas confusas e sugestionáveis que se juntam e ninguém sabe direito o que faz, por que faz, mas faz porque todo mundo faz. Entre elas há cidadãos que até aquele dia eram tidos como honrados. Ao se deixarem levar pelo instinto e por algum comando, jogam fora sua honra, às vezes para sempre.

Não importa quem matou aquele motorista enfermo. Trinta linchadores o mataram. Quem presenciou e gritou por sua morte e quem presenciou e não gritou contra também o assassinou. Omissão também é crime!

71. A era do indivíduo soberano

Eles já se amaram e até intensamente. Acabou não dando certo. Hoje são ex-marido, ex-mulher, ex-amante, ex-namorados. Acontece em tudo na vida. Alguém começou algo com a certeza de que tudo daria certo e, num certo momento da viagem, desistiu do projeto. Faz parte do ser humano reavaliar o que fez ou faz. Alguns reavaliam para continuar juntos, outros para terminar. Há os que acham que ainda vale a pena e os que não querem mais tentar. Acabou o que os unia.

Notícia de ruptura. Uma leitura de jornais e revistas, dia após dia e semana após semana, programas de rádio e entrevistas de televisão dão bem uma ideia do quanto a desistência passou a fazer parte da vida do homem e da mulher de hoje. É impressionante o número de artistas, cantores, músicos, escritores, atletas, políticos, empresários já na segunda ou terceira união. Há quem esteja na quinta. Não se usa mais a palavra fracasso. Soa mal e pode ser injusta, até porque a pessoa em questão pode ser a parte inocente. Mas dá uma ideia do quanto o casamento tem mudado nas últimas décadas. Termina-se e pronto!

Afeto descartável. A era do descartável deixou marcas também no amor. Copos, pratos, meias, vestidos, objetos descartáveis entraram no cotidiano das pessoas, tornando a vida mais cômoda. Por que refazer, se é possível arranjar outro? Não se tenta, nem se pensa em reparar um relógio, uma meia, uma camisa. Há quem os conserve e use por muito tempo. Mas há quem busque um novo. Por que não, se o outro já não serve e existe algo melhor na loja? Chegamos ao casamento descartável. Se não deu, cada um vai para o seu canto tentar outro casamento. Em alguns casos, os dois levaram anos tentando consertar, mas não deu. Foram sinceros e a última coisa que queriam era fazer o outro de objeto. Mas houve e há os que resolvem a coisa em semanas e meses. A carreira, o trabalho, ou alguém mais interessante falou mais alto.

É um novo *éthos*. Talvez seja conhecido na História como a era do indivíduo. O "nós" está perdendo...

72. Doeu a civilização do "eu"

A civilização na qual triunfa o "eu" em geral adoece, sofre e, se não morre, vive na UTI. É para onde leva o crasso individualismo, supremacia do indivíduo sobre a lei, sobre a família e sobre a comunidade. O Senado e a Câmara em Brasília volta e meia são sacudidos por esta mentalidade. Alguém é pego usufruindo para si e para os seus do que pertence a todos nós.

O sujeito, quase sempre narcisista, desvia para si os bens de todos e não paga nem devolve porque acha que tem seus direitos. Não tem! Quem faz o que bem entende com sua moto, seu carro e seu cigarro põe em risco a vida dos outros, e ainda briga pelo seu direito de poluir, de fumar perto de crianças e de enfermos; quem passa com ruído enorme diante de um hospital explode os sons do seu alto-falante sobre toda a vizinhança, berra até alta madrugada em frente ao barzinho, tudo pelo seu direito de fazer o que quer, é um narcisista.

Os trabalhos e os dias. Hesíodo, famoso pela sua *Teogonia*, há 29 séculos, falava disso em *Os trabalhos e os dias*, ao descrever o que seria um mundo no qual o indivíduo tivesse todos os direitos. Seria uma tirania. Uma coisa é ter alguns direitos intocáveis, e outra é ser intocável em tudo o que faz. Alguns direitos são intocáveis. Nos outros, toca-se, porque passam a ser relativos diante de um bem maior. O fumante tem mais é que apagar seu irrenunciável cigarro diante do irmão com grave problema de brônquios ou perante sua esposa grávida, ou diante do seu filho recém-nascido. Use o argumento que quiser, recorra a todos os advogados do mundo, mas seu direito de fumar é menor do que o dos outros que não suportam o fumo. Se hoje parece ditadura de quem não fuma, ela é reação à ditadura de quem fumava e não se importava com a saúde dos outros.

Drogas e paraísos. Diga-se o mesmo sobre a droga, o dinheiro, os paraísos fiscais, os devedores contumazes, os chantagistas, os usurários, as reservas de mercado e os sons altíssimos de novíssimas igrejas no bairro. Ninguém pode impor-se desta forma. Doeu, dói e doerá uma civilização que gira em nome da excessiva liberdade do pequeno "eu". Nem ditaduras nem anarquia! Deve-se reprimir um indivíduo sem o oprimir, mas reagir é preciso! Quando os direitos são demais, a lei acaba torta.

73. Geraçãoególatra

Simplesmente não compareceu. A notícia de que um famoso jogador de futebol, contratado por um importante clube italiano a peso de milhões, pura e simplesmente voltou ao Brasil e não deu sinal de vida porque tinha negócios particulares a realizar, me leva a refletir sobre a egolatria nos tempos atuais: desvio assustador de personalidade, um dos traços sombrios do ser humano. Não lhe importa nem interessa o que causará aos outros. Importa que ele esteja bem. Não estando, os outros que se danem! Mas quererá o seu dinheiro, porque abdica do trabalho, mas não do salário. E a depender da fortuna, terá sempre um advogado pouco ético a defender sua falta de ética.

Não deu satisfação. Qualquer que tenha sido a razão do jogador, em vista do contrato que fez com aquele clube, ele deveria, pelo menos, dar satisfação dos seus atos. A mídia, que nem sempre diz a verdade, deixou transparecer que ele não o fez. Como o clube não reivindicou milhões, talvez o jogador seja inocente e a notícia tenha sido superlativizada.

Mas acontece! Se ele ignorou o clube, não foi caso único. Dezenas de outros jogadores de futebol já fizeram o mesmo; centenas de artistas cansaram-se da sua atividade e não deram satisfação aos colegas de novela ou de filmagem. Funcionários, empregados de firmas e até religiosos fazem o mesmo. Se lhes interessa ou desinteressa, partem para o que gostam e não dão satisfação dos gastos, das atitudes e dos lugares onde estão.

Ego desmesurado. Na raiz de tudo está o seu ego desmesurado que não aceita ter que assumir compromissos; ou que fica apenas com a parte mais interessante da sua missão. Quando é hora de sacrifício, escolhem-se. Jogam os outros na fornalha e eles saem garbosos para seu banho de praia e de brisa. Primeiro o seu eu, depois qualquer outro eu. Não deixa de ser um atentado contra a comunidade e um pecado contra seu povo ou sua fé, porque recebem como combinado, mas não dão como combinado.

***

Quando isso invade as igrejas, o assunto se torna gravíssimo, porque até Deus fica para escanteio. Excesso de autoestima que desemboca na alta estima faz parte da era da infidelidade, era em que as pessoas prometem, mas não cumprem. Ficam com o dinheiro e com as vantagens da promessa, porque, por si só, ela já carreia benefícios. É o caso do político que promete, mas não cumpre, porém já foi eleito; do religioso que faz os votos e não os cumpre, mas já levou vantagem; do funcionário que promete mas não cumpre, porém já ganhou o seu salário.

Ressarcimento. Há de se descobrir maneira de fazê-los ressarcir, quando não parecem dispostos a cumprir a sua parte. Algumas firmas o conseguem; os religiosos, nem sempre; os partidos políticos dificilmente são punidos, nem mesmo pelos eleitores. A era do indivíduo, às vezes, defende o indivíduo acima e por cima dos direitos da comunidade.

Eu demais. Num mundo em que há "eu" demais, quase sempre haverá comunidade de menos. O indivíduoególatra pinta e borda quando o mundo se cala diante de suas travessuras. É claro que alguém assim raramente é feliz. Criemos um neologismo: "Pessoas de corpo inchado sofrem com seu inchaço; pessoas de 'ego' inflado sofrem com suas inflações!".

74. Desprovidos de sentimento

Renunciou. Há um tipo de ser humano que ou perdeu, ou escolheu errado, ou renunciou, ou jamais encontrou sua humanidade. É fruto que apodreceu no pé. Talvez se recupere uma parte dele. As chances são de que apodrecerá inexoravelmente, anos antes de descer à cova. A menos que o Criador, que também refaz e restaura, o reconstrua, ele será uma escultura sem nenhuma espécie de vida interior.

Falo sobre psicopata. Na verdade não se pode dizer que ele não achou seu lugar no mundo. Achou até demais. Tanto achou que agora se acha acima de tudo e de todos. Dotado não de auto-estima, mas de altíssima estima, pouco lhe importa o que causará aos outros. Nem todo psicopata é assassino, mas, se for, não sentirá culpa alguma. Descreverá friamente como esmagou a cabeça do enteado de dois anos e onde o jogou. Dirá que não sabe por que o fez, mas sabe que o fez. Argumentará como no caso descrito e acontecido na periferia de São Paulo. A mulher com quem vivia, mãe do garoto, por causa do menino via o pai dele com frequência. O pivô era a criança. Ele a eliminou sem o menor remorso, porque não poderia perder os favores sexuais da mãe dele.

São milhares os psicopatas através da História. Eliminaram milhões de pessoas. Agiram como Átila, apelidado de *flagelo de Deus*. Repetiram Nero, Gengis Khan, Pol Pot, Hitler, Stalin, que, à direita ou à esquerda da política, massacraram e assolaram seus povos e outras nações. A lista dos nomes surpreende, porque alguns eram simpáticos. Mas puxavam da arma e atiravam na cabeça até de crianças que os contrariassem.

Deformados. Poucas pessoas foram tão deformadas por dentro. O psicopata é um humano mal ajustado. Tem pinos básicos soltos. Fica sempre a pergunta: "Deus o quis assim, ou ele foi tirando e jogando fora o que exigisse gratuidade, porque a gratificação lhe servia melhor?". Herbert Marcuse, em seu livro *Eros e civilização*, ilumina este lado sombrio do ser humano. O ego desmesurado não veio no pacote do nascer. Foi ocupando espaço excessivo. Jamais controlado, acabou como o riacho que, de enchente em enchente, cavou seu leito fora do leito original.

Não restauráveis. Os estudiosos de comportamento dizem que é impossível, humanamente falando, restaurar esta pessoa. Os religiosos dizem que milagres acontecem. Mas não é tão impossível como dizem os mestres da psiquiatria, nem tão simples quanto alegam os pregadores da fé. Nunca foi fácil restaurar edifícios sem alicerces...

75. Pessoas explosivas

Existem pessoas nervosas, explosivas, agressivas que dão choque até mesmo quando não tocamos nelas. Basta chegar a um metro, ou dizer uma palavra inadequada, que o revide vem. Há cavalos que escoiceiam simplesmente porque alguém chegou perto. Há leões que rosnam e urram simplesmente porque estão com fome ou porque alguém chegou perto de sua cerca.

Pessoas que desenvolvem esta forma de agressividade precisam de ajuda. É evidente que não são felizes. Se fossem, não rosnariam tanto e não agrediriam com tanta facilidade. Raciocinariam primeiro. É possível mudar, mas a mudança vai exigir alguns sacrifícios, porque já se acostumaram. Estão na mesma situação que o sujeito viciado em cigarro ou bebida.

Homens portadores de algum trauma ou disfunção dos neurônios costumam avisar e pedir desculpas de antemão por qualquer inconveniente que causem nas suas explosões; mulheres que, às vezes, pagam um preço excepcionalmente alto por suas crises de TPM, costumam também avisar e pedir desculpas de antemão à família por sua condição feminina; maridos e filhos compreendem.

Estas pessoas raramente causam graves problemas. Sabem do seu limite e conseguem amenizar e controlar os seus rompantes. Mais difícil é o caso da pessoa que se acostumou a agredir, ofender e ferir. Esta, sim, vai precisar mais do que de fármacos e de drágeas. Terá que reeducar a vontade e aprender a conviver.

Serve para crianças, adolescentes, idosos e anciãos, funcionários, políticos, comunicadores, empresários e até religiosos explosivos que primeiro falam e depois se arrependem. Na segunda explosão deveriam buscar tratamento; não é bonito, não é justo, não faz e não fará bem. Controle o seu cão Fila. E se seu temperamento é de cão, controle-se. Os outros não têm culpa de existir.

76. Pessoas indefinidas

Há pessoas indefinidas e idiossincráticas. Não são felizes por falta de foco. Tentam, mas não conseguem estabelecer laços firmes e duradouros com a realidade, com nada e com ninguém. Vivem do *quero, não quero* e do *sei, não sei*. Não por escolha, mas por incompetência de afeto não seguram suas relações. Tudo nelas é efêmero. Não há como segurá-las por muito tempo. Compromisso duradouro não é com elas.

Uma entre bilhões, vivem como se o mundo fosse um imenso resto. Vale o que sentem naquele momento. Não são apenas bipolares. Para elas teria que ser inventada outra palavra: polipolares, talvez!

Não são confiáveis, embora no começo sejam encantadoras e amáveis. Conquistam, mas não perseveram. Ora querem, ora não querem. Para quem as ama é sofrimento viver com suas idiossincrasias.

***

Como alguém chega a isso? Lembra-se do riacho que às vezes é seco e às vezes transborda? Depende da cabeceira e das chuvas que caíram lá em cima. São assim estas pessoas. Não armazenam, não aceitam barreiras nem diques. Por isso, quando não chove, logo secam. A indisciplina as impede de armazenar para o tempo da depressão ou da seca. Se não chove, não correm porque seu reservatório moral não existe. Vivem do *se chover*. Não descobriram a graça nem a sabedoria de armazenar.

São capazes de armazenar muito dinheiro, mas incapazes de armazenar bons sentimentos. São agarradores de oportunidades, mas maus administradores de lealdade. Nada neles é duradouro, mesmo que digam que é. Engenheiros malformados, não sabem armazenar o rio de suas emoções.

Quem vive com eles ou com elas, vive de enchentes e de secas. Rios que não correm sempre, as pessoas indefinidas poderiam aprender a cumprir a palavra dada. Mas isto custaria muitas renúncias. O mundo que se adapte aos seus solavancos. Elas insistem em dizer que são quem são. Na verdade, não são. Quem não faz esforço para ser quem poderia ser, deixou de ser... Escolheu a aparência e a declarou essência!...

77. Pessoas superficiais

Havia um homem extremamente superficial que acreditava ser bafejado pela sorte. Os outros poderiam se dar mal, mas ele não! Não teria que ir fundo para nada, porque a sorte lhe mostraria ouro, petróleo e diamantes e tudo o que quisesse, logo nos primeiros golpes... A vida lhe vinha fácil. Se nada achasse nos primeiros golpes, ia embora de imediato.

Como seus buracos eram superficiais, um dia ficou tristíssimo, quando um amigo seu, aproveitando-se de um lugar por ele abandonado, cavou mais tempo e mais fundo e achou dez pepitas de ouro. Quis uma parcela, porque, afinal, ele achara o lugar...

O amigo lhe disse que, por ter abandonado, por ter sido impaciente e superficial perdera o direito ao lucro. Quem apostou na sorte e ignorou a virtude da perseverança, não merece partilhar do achado. Quem não descobre o verbo perseverar, não chegará nem aos primeiros passos do verbo ir.

78. Pessoas voluntariosas

Voluntarioso é aquele que faz aquilo que tem vontade, mesmo se, ao fazê-lo, cria situações difíceis para si e para os outros. Atletas, jogadores de futebol, artistas, funcionários públicos, pregadores da fé voluntariosos costumam ficar pouco tempo nas atividades que exercem. Seguram seus contratos por muito pouco tempo, menos de dois ou três anos; em alguns casos em menos de seis meses se indispõem contra a comunidade, contra os companheiros, contra as autoridades, e precisam ser removidos, transferidos, dispensados porque dobrar, não se dobram. E ainda há quem os elogie!

Gosto/não gosto. Em algum momento da vida acostumaram-se a fazer o que gostam e a não fazer o que não gostam. O temperamento leva a melhor e eles ficam na pior, porque prejudicam inúmeras pessoas. Tudo isso decorre do fato de a pessoa não saber aceitar o não e o sim da vida. Indivíduos voluntariosos chegam a passar por heróis, gente de tutano, mas não passam disso: são voluntariosos. Ou é do jeito deles ou vão embora, porque ceder, não cedem.

Podiam ter crescido e não cresceram; não aguentam muito tempo no sinal vermelho. Em menos de cinco segundos seus motores roncam! Lembram meninos de motor esquentado, impacientes, que precisam passar mesmo que o sinal esteja vermelho. Vivem de adrenalina a cem ou a mil. Se são felizes? A maioria não é. Derrotados pelo próprio temperamento difícil, a menos que se amansem, acabarão fora da raia mais cedo do que gostariam.

Não são um entre bilhões. São um contra bilhões...

79. O fim do compromisso

Vínculos rompidos. Falemos de vínculos rompidos. A era do individualismo, do pragmatismo, do vencedor a qualquer preço, do eu demais e do capitalismo selvagem expulsou o "nós" e inaugurou o fim do compromisso. É o que os adolescentes explicam pelo verbo "ficar", que no dialeto deles significa: "Por enquanto fico com você, mas não aposte em mim, eu sou livre".

Casais separados. Isso também explica por que, em países como o Brasil, de cada quatro jovens, um tem pais separados. Seus pais não se comprometeram para sempre ou, se compromisso houve, doeu demais mantê-lo e eles o quebraram. Melhor separar-se do que viver sofrendo ao lado de quem deixou de ser "meu bem".

Fim de compromisso. Uma das características da era "fim de compromisso" é que, não importa qual seja o contrato, não importa qual o sentimento, se aparecer algo mais vantajoso, a pessoa troca; troca de igreja, troca de partido, troca de família, troca de clube e troca de empresa. Trocar é, hoje, um dos verbos mais vividos por uma geração que não aceita sofrer além da quota.

Infidelidade. Não existe mais fidelidade à palavra dada. E, mesmo quando é vendida e assinada, se aparecer oportunidade maior, o indivíduo paga as multas que tiver que pagar, vai e troca. A mentalidade invadiu também as religiões. Pessoas trocam de religião, pregadores trocam de grupo de igreja, fiéis trocam de fidelidade, de altar e de púlpito e até de profecia, com a mesma facilidade com que se rompe um contrato no qual ele ou ela sentia-se parte lesada.

Promessa não cumprida. As coisas não iam como o indivíduo queria. Não sendo do jeito dele, partiu para ser feliz.

Foi dessa experiência que o salmista falou no salmo 78,57. As pessoas não cumprem mais os seus compromissos... Há três mil anos a realidade era a mesma de hoje. Palavra dada não é o mesmo que palavra cumprida, nem quando existe contrato firmado. Vale o indivíduo. A cada dia o nós vale menos do que o eu.

> Porquanto dizeis: "Fizemos aliança com a morte, e fizemos acordo com o inferno; quando passar o dilúvio do açoite, não chegará a nós, porque pusemos a mentira por nosso refúgio, e debaixo da falsidade nos escondemos" (Is 28,15).

A nossa é uma era de egos superinflados na qual o outro é um mero detalhe. O cristianismo, que é a religião *com Cristo, em Cristo e por Cristo*, é, também, a religião *do outro, com o outro e pelo outro*. Quando tudo o que vale é o sucesso do indivíduo ou do seu grupo em particular, e quando o outro, a quem a palavra foi dada, fica para trás porque ele não conta, já não estamos mais falando de cristianismo. Jesus nos mostra o Deus que é totalmente Outro, e nos ensina a vivermos para Ele e para os outros. Numa sociedade onde o outro me serve enquanto é útil, a derrota é da moral e da ética.

É o mundo em que vivemos. Não há mais compromissos. As coisas valem enquanto se leva vantagem. Não é à toa que o poeta Vinicius de Moraes dizia, traduzindo o pensamento de uma geração: "Que seja eterno enquanto dure". Falava do amor-paixão. A frase é muito bonita, mas aberta à ideia da troca de parceiro, típica da modernidade libertária, mas nem por isso mais livre!

80. Gosto de você, mas não te assumo

... Foi o que disse o rapaz de 34 anos à moça que ele engravidou. O filho ele assumia, mas não a mãe. O fato de que no Brasil 29,6% dos lares têm apenas um chefe de família significa que alguém ou morreu, ou foi embora, ou nunca assumiu a outra pessoa.

País em crise. O fato de que um entre cada quatro jovens tenha pais separados significa que, no Brasil, a fidelidade está em crise e que a palavra dada perdeu a força civilizatória. Por que tentar consertar, se é possível substituir? O fato de que tantos deputados mudem de partido pelas benesses do Governo significa que a moral da palavra dada não mais existe; faz muito tempo que o fio de barba acabou. Isto, só de pensar, provoca calafrios. Como se constrói um país onde os governantes e os representantes do povo, depois de eleitos, não cumprem a palavra dada? Pode dar certo um país no qual os partidos que pretendem representar o povo não cumprem seus próprios estatutos?

Igrejas em crise. E quando os religiosos não cumprem a palavra dada às igrejas que os formaram e mudam de religião ou de igreja? Se o pregador não cumpre, por que haveriam os fiéis de cumprir? Se seu pregador já veio de duas igrejas, por que não irão eles para outras? Eles mudam de púlpito e os fiéis mudam de templo. Vão aonde há mais milagres e mais sinais. Dizem que tolo é quem não muda! O casal não cumpre a palavra porque apareceu outra pessoa. E lá se vão eles. Deixam que os filhos se adaptem ao novo amor do pai ou da mãe. O pai e a mãe agora, separados, estão mais felizes! As crianças compreenderão! E a criança que não assimilar? Fazer o quê com ela? Espera-se que cresça ou deve ela adaptar-se às urgências do pai e da mãe?

Pilares instáveis. Que país construiremos com tanta gente que não cumpre a palavra? Se os pilares não são seguros e não sustentam as vigas, troca-se de pilar? Como esperar que uma nação seja sólida, quando altíssima porcentagem de lares não o é? Ou uma coisa não tem nada a ver com a outra?

Esquecida, abandonada ou renegada para plano inferior, a virtude da fidelidade foi embora de muitos ambientes e tende a ir embora, quando só vale o que eu sinto, o que eu quero, o que eu desejo, e quando o ego fica tão desmesurado que "o outro" não conta e o nós sucumbe ao peso desse excessivo eu.

Não pode dar certo uma nação onde o indivíduo vale mais do que o coletivo; não dá certo uma nação onde os pilares trocam de fundamento e de lugar. Casa de dois pilares, onde um vai embora, é muito mais frágil. Nação de poucos pilares sólidos e de troca-troca de partidos é uma séria candidata à desordem, à imoralidade pública e a alguma forma de ditocracia que é misto de ditadura e democracia: compram-se fidelidades, porque os políticos são infiéis ao povo que neles votou.

Vender convicções. Não há cidadania onde os líderes vendem suas convicções. Não há nação onde o sentimento nada vale, ou onde vale demais. Sem razão não há fidelidade e uma nação sem fidelidade perde a razão de ser. Quem é infiel ao seu mandato, mesmo que não roube, é corrupto. No primeiro golpe de Estado estará ao lado do ditador. O Brasil corre esse risco. Talvez não tenhamos aqui um Hugo Chaves ou um Fidel Castro a dominar um Congresso, mas, se tivermos quem compre a maioria dos seus membros, democracia é que não será. E não o será por conta do "gosto de você, mas não te assumo"! Quando vale a lei do quem dá mais, já não é mais parlamento, é casa de leilão e de penhores.

81. Amar sem alegria

Bom humor/bom amor, bom amor/bom humor. Mau humor/mau amor, mau amor/mau humor. Entramos no ponto-chave da questão da convivência. É o ponto cardeal, gonzo sobre o qual gira uma sociedade e, na sociedade, as células-mãe que são as famílias. Família é para ser experiência divertida e feliz. Quando os conflitos superam os carinhos e os risos, a família vai mal. Quando o humor não vai embora, pais e filhos vão bem. Quem é feliz no seu relacionamento, dificilmente trai ou desiste. Somados os prós e os contras, a alegria de amar supera as dificuldades do amor. E é preciso saber quem amamos e como os amamos, porque cada pessoa precisa de uma dose especial. Pouco não satisfaz, excesso satura. Lembra o remédio certo, do jeito certo e na dose certa. Nunca chegaremos ao perfeito e justo, mas a alegria, o riso e o bom humor nos aproximam do suficiente.

Em psicologia existe o que se chama de psicologia positiva. Há dezenas de livros tratando da questão do positivo da vida. Não se faz uma ciência apenas em torno do negativo ou da correção de rumo. Mais do que filosofia, teologia ou psicologia curativas, procure-se primeiro a ciência do positivo. Você sabe, você pode, você tem valores. Desenvolva-os!

Assim, gaste-se mais tempo com as delícias da mesa, da sala de estar, do leito, dos beijos, dos afagos e dos abraços. Pai e mães, catem os piolhos inexistentes na cabecinha dos filhos. Será a desculpa para tê-los mais tempo no colo. Gaste-se mais tempo incentivando as alegrias do abraço, da família ao redor da mesa e do casal no leito. Sexo é para fazer os dois felizes e descontraídos; comida é para o paladar, além de o ser para o estômago; colo é para que, aquele que o dá ou recebe, se descontraia; beijo, olhares, afagos são para a alegria de viver.

Não se pode falar em família e matrimônio sem a delícia do viver a dois ou a seis numa casa cheia de surpresas positivas. Marido e mulher que se surpreendem, filhos que surpreendem os pais, carinhos a troco de nada, mão no queixo, leve toque no narizinho, tapinha no ombro, queixo nos ombros da pessoa amada, abraço em troca de absolutamente nada, clima do *fiz porque te amo...*

Quando tudo se torna dever, obrigação, cumprimento de promessa, entrega forçada, é porque alguém perdeu a gratuidade. Há sempre o caso do parceiro que fez por merecer a falta de afeto de agora, pelas muitas injustiças e indiferenças de ontem.

Os começos de namoro e casamento costumam ser horas de intensas alegrias, dar e receber é um prazer constante. Depois de um tempo os dois, ou um deles, começam a não precisar. E pode acontecer de um deles não querer mais dar. O que foi namoro prazeroso e casamento gostoso de viver torna-se relação tormentosa, coisa de obrigação, gestos sem alegria e sem a festa do viver a dois. Acabada a festa, sobram algumas frestas, carinho uma vez por semana, encontros corporais que nem mais conseguem ser sensuais ou sexuais, a cada quinze dias. Por fim acaba a festa, acaba a fresta e sobra a rotina e o "tem que ser"...

É aí que o divórcio mostra sua cara. Melhor sem ele, melhor sem ela. Não há mais o que dar nem o que receber. Acabou a alegria dos primeiros encontros. Vai-se a libido e o que sobra é um coração ferido.

Como devolver ao casal a alegria de ser um casal entre bilhões? Como reencontrar o desejo, a libido, o interesse? Para isso é que existem os terapeutas, os grupos de família, os movimentos religiosos, as igrejas e os propiciadores de diálogo e de reencontros. Enfim, é para isso que se estuda e se ensina a arte das relações e das reações.

Uma mulher ferida e cansada, um homem desanimado, podem se achar de novo a partir das motivações, do repensar o corpo e a alma um do outro e do se repensar como pessoa-homem ou pessoa-mulher, e os dois como pessoas-casal. E não esqueçamos as alegrias de criar filhos, por mais dores e sofrimentos que possa haver no processo de formar pessoas para o mundo e para Deus.

Mas redescubra-se a alegria. Tenho dito a jovens e adultos que todas as noites um lado da terra enfrenta a escuridão, não porque o sol vai embora, mas porque ela se vira para o outro lado. Mas, no dia seguinte, ela se reencontra com a luz e a luz torna a aquecê-la. A cada 24 horas o planeta se aquece e esfria para manter e nutrir a vida. Luz e trevas fazem parte do processo da vida no planeta.

Nossas relações, sobretudo as familiares, também passam por altos e baixos, luzes e trevas. Da mesma forma que conseguimos fazer festa à noite com as luzes que criamos, um casal também pode aprender a fazer festa com as luzes que aprenderam a acender.

Já vi casais sorrir de um jeito dolorido no meio da dor e da estranheza. Já vi gente madura dar a volta por cima e reencontrar razões de festa serena onde não havia quase mais o que salvar. O amor de ontem, as promessas e a fé num Deus que faz e refaz os motivou a salvar seu casamento. De alguns se pode dizer que foi a festa do perdão e do amor que os salvou, quando a crise aconteceu.

Não se pode viver um clima de festa 24 horas por dia. Seria falso e artificial. Mas há uma festa silenciosa no coração de cada mulher e de cada homem, mesmo quando há crises naquela casa. Os bons momentos superam os maus. Existe ali um clima de *ainda vale a pena*! Quando os dois chegam à conclusão de que não vale mais a pena, é porque acabou a alegria de amar. Ou não foi cultivada, ou um dos dois tinha posto seus olhos e seu coração para fora de casa. Deu chance para a decepção e chamou a tristeza por companheira. Fez sexo com um corpo, mas não com uma pessoa. Desencantado com o corpo ou com a cabeça do cônjuge, o parceiro decepcionado deixou de se relacionar, afrouxou os laços, perdeu o riso, deixou de achar divertido, divergiu demais e acabou espiando o mundo porta afora. O universo que havia entre os dois foi esquecido.

Feliz aquele que cultiva a alegria de amar. É ela que nas horas tristes e perplexas segura a relação. Como ir embora de quem lhe deu quinze a trinta anos de alegrias? E foi bem esta reação que salvou milhões de relações. *Não deixaram que o vinho acabasse. Como bom vinho, envelheceram no tonel do diálogo e da gratidão.*

82. O valor da transitoriedade

Passaremos, mas é bom que nos demos conta de que *transitório* não é o mesmo que *efêmero*. Um termo que deve ser cotidiano na vida do comunicador é a palavra *transitoriedade*. Nós e as coisas somos transitórios. Passaremos, ninguém é insubstituível. Por isso, devemos entender a transitoriedade da nossa missão. Eu passo. Não devo levar nem trazer pessoas a mim.

***

Tal conceito evitará a egolatria. Em comunidades de vida é preciso dar espaço a outros. Não é bom apenas um casal por tempo indeterminado na liderança. Nem na comunidade nem nas igrejas. Haja eleição e os fundadores cedam seu posto a outros. Pena que nem todo mundo seja um Nelson Mandela! Estão mais para Fidel Castro e Hugo Chaves do que Mandela. Perpetuam-se no poder porque não conseguem imaginar que haja alguém capaz de levar adiante o projeto. A transitoriedade acontece nas Ordens e Congregações. Superiores ficam no cargo três, seis no máximo doze anos. Mas há comunidades de vida onde o casal líder está lá há trinta anos... Falta alguma coisa naquele grupo! E esta coisa é essencial: chama-se alteridade...

83. Saber que morreremos

Amar e morrer. Amar deveria ser natural. Morrer, também. Afinal, todo mundo quer amar e ser amado e tudo que vive, morre. Então, amar e morrer fazem parte do nosso DNA. Talvez amar seja morrer todos os dias um pouco em função do outro e morrer seja o passo decisivo na direção do amor eterno. Talvez não seja tão difícil amar e quem sabe não seja tão difícil ir embora deste mundo. Depende da cabeça e do coração do vivente!

Pássaros, vermes, bactérias, árvores, peixes, cobras, cães e borboletas nascem, crescem e morrem. Com a manipulação dos embriões e o aborto, já não é mais certo que tudo o que é concebido nasça. Mas é certo que tudo o que é vivo, morre. Ser concebido e nascer já não são realidades gêmeas, porque há leis que permitem matar o ser humano já concebido. Mas nascer e morrer são realidades gêmeas.

Todo aquele que nasceu, morrerá. Sobre nossa vida antes do nascimento e alguns anos depois dele não tínhamos controle. Milhões ainda não o têm. A droga, a ira, a doença, o poder, o sexo e o dinheiro os controlam.

Mas podemos encarar a morte com serenidade. Ela virá quando menos esperarmos. Encará-la como possibilidade próxima ou de data imprevisível mas possível é sabedoria. Vivamos como quem sabe que morrerá.

***

Depois da morte. Algumas religiões afirmam saber o que se passa depois da morte. Segundo algumas delas, os mortos enviam mensagens. Quem crê em espíritos ou em santos explícita ou implicitamente admite que os mortos estão vivos numa outra dimensão e se comunicam conosco. Estão em algum lugar melhor e, de lá, consolam quem ficou. Nestas mesmas religiões há os que cuidadosamente evitam dizer que um falecido lhes apareceu e mandou mensagens. Entendem os mecanismos da mente e da pregação. Nem afirmam nem negam. Preferem estudar o fenômeno. Mas ocupam-se dos outros que já morreram. Está tudo acabado ou transformado? Se a questão fosse simples, não haveria tantas divergências no seio das religiões e das ciências da mente.

Esperança num depois. Já tocamos no assunto. Reiteremos. Se você crê em Deus, provavelmente crê no eterno e no eviterno. Então, crê num depois daqui. A fé da maioria dos crentes diz que Deus sempre existiu e sempre existirá! É eterno. Faz parte do conceito do divino. O humano, porém, é criação do divino. Há quem diga que o divino também é criação do humano. Segundo eles, Deus não existe, mas foi inventado e continua sendo cada vez mais inventado.

***

O Deus inventado. A julgar pelas pregações que se ouve, o Deus encontrado é muito mais o Deus inventado do que o Deus que sempre existiu. Não cabe no conceito "Deus" um Criador que espera que sua criatura, o pregador, comece o culto para, só então, começar a favorecer e fazer os milagres que o pregador prometeu que haveria às 15 horas, na Rua Conde Montmart... Tem mais jeito de manipulação do que de religião.

Podemos chamar de atraso ou superstição as práticas de louvor e adoração que vemos em todas as religiões. Mas podemos ir mais fundo no seu conteúdo. É um fiel que espera sobreviver à morte e viver para sempre numa outra dimensão. A esperança segurou a história dos povos. Por que a esperança em Deus seria menos digna de respeito?

As crenças e os dogmas dos ateus. Os ateus não agem melhor, quando também se curvam em humilde submissão aos seus comandantes humanos e à marcha inexorável da História em seu favor. O que é isto senão esperança? Podem não crer na sua vitória sobre a vida, mas creem na vitória das suas ideias sobre o tempo. Também eles querem perpetuar-se através da ideologia. Velhos camaradas marxistas morrem aos 100 anos apostando na vitória da classe operária. Também eles nunca desistem de chegar ao poder e submeter a mídia e as liberdades ao seu projeto de salvação nacional. Assim que chegam ao poder, fazem de tudo para controlar as eleições, dominar os meios de comunicação e decidirem, eles, o que pode e o que não pode ser anunciado. Ditaduras de direita e de esquerda são iguais: o primeiro cabresto costuma ser posto na mídia, o segundo nas escolas e o terceiro na religião que ousa profetizar. Preste atenção no passado e no presente da Ásia, dos países árabes e da América Latina...

Livremente submissos. Adorar a Deus é admitir um antes e um depois desta vida e um agora ainda envolto em mistérios. É admitir que fomos criados para sempre e que haverá a morte, mas não o aniquilamento ou a *descriação*. Prosseguiremos!

Não seremos aniquilados. Não existíamos, mas, desde que fomos formados de um óvulo e um espermatozoide, passamos a existir e existiremos para todo o sempre. É crença dos cristãos. Não acabaremos nunca. Passaremos do tempo para a eternidade. É o que também afirma a maioria dos crentes. Dialogar com o Criador é, pois, um gesto de quem crê que, um dia, o encontrará como Ele é, ou pelo menos, com mais clareza do que hoje (1Cor 13,12).

***

Quando morrer é o fim. Aquele que não crê provavelmente dirá que morrer é o fim. Não há para ele um depois da última montanha do viver. Tudo se resolve e se conclui por aqui. Isto não significa que ateus não tenham ascese. Exatamente por crer que tudo se resolve por aqui, muitos deles arriscam vida e tempo para deixar sua marca. Esperam que suas ideias e sua obra falem por eles, que terão deixado de existir.

Para os crentes, a vida continua sem os limites de espaço, de corpo e tempo. Nem por isso devemos nos considerar pessoas melhores do que os ateus. Afirmar ou negar Deus é uma coisa. Viver pelos outros é outra. Cremos que somos mais do que parecemos ser, embora não saibamos definir o que é ser. A maioria não consegue ser quem deveria ser. Os que conseguem, sabem que ainda falta muito para a plenitude humana. Mas estão a caminho, nem que jamais cheguem a ela.

***

Exercite esta mística e sua vida será bem mais altruísta. Por mais que pareça, a morte não tem a ver conosco e, sim, com o universo. Tanto quanto o nascer, a morte não depende de nós. Alguém nos quis, alguém nos abrigou num ventre, alguém nos trouxe à luz, alguém nos criou, alguém nos levará à última morada. Nascer nunca é decisão pessoal; e morrer muito raramente o é! Viemos sem ser consultados, iremos sem que nos perguntem como gostaríamos de ir...

84. O lado de lá do existir

Não sabemos. Não sabemos como é o lado de lá desta vida, mas cremos que ele existe. São mais os que creem do que os que não creem, na proporção de 93 por 7. Nós, católicos, cremos que há bilhões de seres humanos vivos do lado de lá. Seus corpos acabaram, mas não eles. Eram pessoas e por isso eram mais do que seu corpo. Continuam sendo pessoas e por isso o corpo acabou, mas não eles.

***

Não acabaremos. A morte é o encontro com o definitivo. Aqui se disputa um lugar. A morte nos leva para o nosso lugar. Depois dela, ninguém ocupa o lugar do outro. Nossa trajetória humana nesta terra terá terminado. Cremos que assim será conosco: não acabaremos! Apenas nosso corpo morrerá. Nós viveremos, bem ou mal, a depender do que fizemos desta vida e da grande culpabilidade que tivemos. Se optarmos pelo mal, haverá consequências. Se optarmos pelo bem, haverá recompensa. Pode parecer tolice, mas quem ri dessa fé é o mesmo sujeito que põe dinheiro no banco e o investe para ganhar recompensas terrenas a juros. Eles creem no aqui e se consideram inteligentes e espertos. Nós cremos no aqui e no depois e nos consideramos, também, inteligentes e espertos. Depois da morte saberemos quem investiu do jeito certo! Se, como cremos, a alma, isto é, a pessoa que somos, sobreviver ao corpo que temos, teremos tido razão. Se não sobreviver, assim mesmo eles não poderão se gabar de seu acerto, simplesmente porque serão cinzas, sem nenhum depois... Somos mais do que nosso corpo. Ninguém se torna pessoa pela metade só porque perdeu as pernas.

Se não existir nem Deus, nem céu, nem inferno, nem culpa, nem castigo, os traficantes, torturadores, assassinos, corruptos, bandidos e assaltantes terão levado vantagem. Então, também no céu não há recompensa nem castigo. O Deus bonzinho só usará de misericórdia. Não haverá a justiça da qual Jesus e a Bíblia inteira falam. É a compassividade levada ao extremo. Equivale a dizer: pode pecar que, no fim, Deus perdoará a todos. Até o demônio se converterá e será reintegrado no céu. Ficará tudo por isso mesmo nesta vida e depois dela. O céu será como as CPIs do Brasil. Ninguém é suspenso nem punido porque tudo termina em *pizza*. Quem escolheu a bondade, a justiça e a caridade, terá se privado em vão das vantagens do pecado. Mas, se Deus existir e se houver responsabilidade, prêmio e castigo aqui e depois, eles terão arriscado e perdido.

A parábola de Jesus sobre o rico Epulão (banqueteador) que levou vantagens na vida e humilhou os pequenos e o pobre Lázaro, humilhado e coberto de feridas, faz pensar. Jesus fala de castigo eterno para o rico mau e de consolo eterno para o pobre humilhado (Lc 16,20-25). Quem quiser achar Jesus um alienado que prega aceitação do sofrimento em vista de uma recompensa futura, entregue a vida como ele entregou, faça um centésimo do que ele fez e então apresente sua doutrina de fé pragmática que leva ao sucesso financeiro e a riquezas já nesta vida. Jesus questionava muito mais a riqueza do que a pobreza. Ele achava difícil um rico entender a sua proposta de Reino dos Céus (Mt 19,23-24; Lc 6,24).

O dever de respeitar não suprime o direito de discordar, e vice-versa. Alguma razão existe para que cristãos que sabem muito bem o que Jesus pensava a respeito de pobreza e riqueza, ao propor sucesso financeiro e o direito de ser rico, recorrem a personagens e textos do Antigo Testamento e apresentam Gedeão ou Salomão como exemplos de sucesso. Não mencionam que ambos foram violentos e implacáveis contra quem deles discordava. Não contam que Gideão teve 70 filhos e um deles matou os demais. Os discípulos de Jesus morreram pobres e não amontoaram fortuna alguma. Jesus propôs desprendimento.

***

Vida eterna. Aquele que não crê em vida eterna e recompensa ou punição por uma vida é, também, o mesmo que apoia punição para quem lhe rouba o dinheiro ou para o banco que o administra mal. Só não é capaz de imaginar que espiritualmente aconteça o mesmo. Na verdade, todo ser humano quer recompensa para o bem e punição para o mal. Mas é seletivo e voltado para o umbigo. Não aceita punição demais para si, mas a quer para os outros, às vezes, mais do que os outros merecem...

Mais eu do que o outro. Quer sempre recompensa maior para si e menor para os outros. Por isso mesmo, seu salário ou seu lucro tem que ser cada dia maior; mas acha difícil pagar mais para quem trabalha para ele. Somos estranhos! Para este mundo queremos justiça, mas não a queremos para sempre; e alguns decidem e pregam que o *para sempre* não existe. Efêmeros até as últimas consequências.

***

Vida de boi que engorda. Se você fosse um boi, você dormiria, acordaria, comeria, beberia, tornaria a dormir, a comer e a beber. Mugiria, daria uns pulos, caso seus donos permitissem, reproduziria. Sendo boi, largaria seus bezerros com a mãe e voltaria a pastar, a comer, a beber e a dormir, até o dia que alguém quisesse sua carne e seu couro. Então, sem saber como reagir, iria ao matadouro. Levaria um tiro na nuca ou uma picada colossal e morreria. Pronto, acabou o boi que você era!

***

Vida de gente que pensa. Mas como você não é um boi, nem manso nem xucro, e, sim, uma pessoa, sua vida não pode se resumir a dormir, comer, beber, fazer sexo sem assumir a pessoa, reproduzir-se na hora do instinto, fazer filhos, voltar a comer e beber, engordar e morrer na hora de morrer. Alguns humanos vivem como bois, mas não é o seu caso.

***

Capaz de interagir. Tendo consciência de que é uma pessoa, você é chamado a interferir, a interagir, a escolher, a ajudar; a mudar as coisas, a cooperar, a conviver, a dizer e fazer coisas que ajudem sua comunidade; a sair do sofá, a parar de comer sua pipoca, quando alguém lhe solicita algum apoio; a fazer os outros felizes, a ser feliz fazendo os outros felizes; a amar, a escolher uma pessoa do outro sexo e, com ela, construir uma vida; a formar uma família com gritos de crianças, com jeitão de adolescentes, com esforço e luta de jovens e com vovô e vovó por perto.

***

Vida projetada. A *persona* do teatro grego era uma máscara que projetava a mensagem. Protegia o indivíduo e lhe dava um personagem. Sendo pessoa, você terá comido, bebido e dormido e gerado vidas, mas terá feito escolhas, terá amado e ajudado pessoas que precisavam do seu amor e o queriam. Terá assumido as dores e as cruzes dos outros e colocado um sorriso em muitos rostos. Sua passagem por este mundo não terá sido como a de um boi chucro ou manso. Terá sido a de uma pessoa serena e forte.

***

A escolha é sua.. Aliás, os humanos estão condenados a escolher. Se escolherem mal, pagarão o preço. Se não escolherem, pagarão o preço. Ainda que escolham viver como bois, não conseguirão viver como os bois vivem. Bois não escolhem. Humanos escolhem. É por isso que são *homói*, semelhantes ao criador, ao menos nisso. O Criador criou e cria, e seu *homo*, o ser que O lembra, também cria e transforma. Mas, para isso, o *homós* terá que escolher. Escolhemos até meias, sapatos e brincos. Descemos aos detalhes para nos sentirmos bem. Há os que escolhem demais e os que escolhem de menos. Mas escolher, o ser humano precisa.

Não tendo nascido boi, se quiser agir como um deles, ache seu pasto e sua cerca, seu lugar de dormir, comer, beber e reproduzir-se, sem a menor noção do que faz. Se quiser agir como pessoa, vai ter um pouco mais de dificuldade, porque sua vida não será assim tão simples como 2 mais 2 são quatro... Mas será uma vida muito mais feliz. Com aqueles olhos, é meio difícil saber se um boi é ou não feliz.

No meio de outros. Os outros e você mesmo podem complicar sua vida. Mas você pode dar a ela uma direção e um propósito. Basta entender que não pode ser nem ter tudo o que quer e provavelmente não se tornará nem bandido nem corrupto. O avião é um veículo complicado. Pilotá-lo é tarefa que exige muitos conhecimentos. Por isso mesmo, quase sempre o avião chega. Não é qualquer um que o pilota. Qualquer um que nunca estudou nem estuda pode subir a um púlpito de uma novel igreja, desde que repita as mesmas pregações, mas sentar-se no comando de um avião que leva vidas só o faz quem demonstra capacidade de voar. Se as religiões aceitam qualquer pregador que arraste o povo, as companhias aéreas escolhem e preparam seus pilotos. Eles levam outros! Encare sua vida com um complicado "Airbus". E, se apertar os botões certos e souber lidar com os ventos, com o tempo e com as coordenadas, fará viagens maravilhosas.

Pilote-se!

85. Envelheceremos

Depois dos setenta. Foi assim com bilhões que passaram dos setenta anos; há de ser assim conosco, se vivermos mais de sete décadas. Fomos, todos, crianças carentes que levaram anos para aprender a viver. Com raras exceções, depois dos setenta seremos idosos a precisar de remédios e cuidados especiais por conta de alguma disfunção: olhos, ouvidos, sangue, estômago, rins, fígado, pulmão, músculos, intestinos, coração, cérebro, articulação, circulação. O corpo irá se apagando lentamente. Em alguns casos perderá energia como bateria que arria de vez, sem ter dado sinal algum. Resumindo: levamos anos para aprender a viver e, se somos espertos, levamos anos aprendendo a morrer.

A diferença entre o ancião e a criança é que a criança raramente se recusa a aprender a viver. Ela é curiosa quanto ao seu presente e seu depois! Vive de perguntar por quê.. Já nos primeiros meses de vida seus olhos vasculham e suas mãozinhas tocam tudo o que pode. Ela dimensiona e esquadrinha o mundo ao seu redor, chega perto, engatinha-se até a mais recente novidade, morde, lambe, experimenta, perscruta o rosto e o corpo da mãe e do pai. Às vezes é rebelde porque quer saber aonde algo vai dar; quer fazer as coisas sozinha, mesmo quando não sabe e não pode. Criança tem a vida pela frente.

***

A morte pela frente. O ancião, mesmo quando não quer pensar no fato, tem a morte pela frente. Enquanto a criança quer saber do seu depois, grande número de anciãos foge dele. A criança às vezes apressa o depois calçando o sapato da mãe, pondo no rosto a espuma de barbear do pai ou lambuzando os lábios de batom. O ancião adia o mais que pode o seu depois que já chegou! Imagina que será feliz se não mostrar curiosidade sobre a inexorável marcha do tempo. Por isso, finge ser mais jovem do que é e adora quando elogiam sua juventude, que não mais existe! O pensamento do general MacArthur o consola: adora ouvir de amigos que é "jovem em espírito". Somos assim estranhos. Quando um rapaz age como criança, sugerimos para ele um psicólogo. Quando um adulto finge ser jovem e esconde a sua idade, mandamo-lo a quem? Não está inadequado?

É claro que há os extremos. Há o ancião que se entrega e fica lá, sentado e alheio a tudo, esperando que o movimentem. Há o que teima em não aprender a morrer e acha que isto é virtude. Não há nem como negar que dos setenta anos em diante morre-se meio logo. O que se pode é encarar o fim que vem vindo e assumi-lo com classe e serenidade. O que se pode é viver a sabedoria de quem viveu o suficiente para saber das coisas. O que se pode é preparar-se para morrer em pouco mais de dez anos. Morrerá como quem sabe que depois do seu aqui e agora pode haver mais e tem algumas teorias sobre para onde ou para quem irá. Descobriu que depois da montanha pode haver mais montanha e que depois do horizonte pode haver mais horizontes. Está indo para o desconhecido, mas não para o buraco negro. Acredita em luzes inefáveis.

***

Ignorar o passar dos anos. Não há virtude alguma em ignorar o passar dos anos. Virtude é saber que vivemos sete a oito décadas e agora estamos nos últimos anos de nossa experiência. Morreremos em alguns meses ou dez anos. O corpo e a mente vivem dando avisos e teimamos em achar que não é conosco. O ancião dono de si e da sua provecta idade engole seu orgulho como engole suas quatro ou vinte pílulas diárias e, se precisa de ajuda, aceita-a; se não precisa, por enquanto libera seus bem amados. Um dia, se viver o bastante, acabará precisando dos braços de filho, filha, amigos ou enfermeiros. Por enquanto está envelhecendo com classe.

Feliz de quem descobriu que aqui é um entre bilhões e consegue crer que um dia será um entre bilhões numa outra dimensão do viver. Feliz de quem espera continuar a existir, agora sem a velhice e sem os achaques de órgãos que não funcionam direito. Feliz de quem é capaz de falar de sua partida sem grandes traumas ou pesares e sem ser trágico. Milhões de anciãos vivem como quem viveu bem e conservam o humor de quem sabe que a última estação não está muito longe. Afinal, no nosso país poucos passam dos oitenta...

Enquanto isso os velhinhos suaves e felizes viajam em ônibus, trens e aviões, ocupam lugares privilegiados, furam filas com todo o direito de furá-las e estacionam em vagas especiais. Se os mais jovens não entendem este privilégio, pior para eles. Não devem ter avós, nem pai e mãe e nunca viram um portador de limites. Não cresceram!

Anciãos serenos não se importam com adjetivos. Simplesmente vivem! Riem-se do termo "melhor idade". Sabem que a melhor idade é aquela em que nos adequamos à realidade. Por isso ganham alimentos especiais, dormem um pouco mais e desfrutam da liberdade possível para quem mereceu chegar aonde chegou. Construíram obras e famílias.

Enquanto isso, brincam com farmacêuticos, enfermeiros e médicos, desafiando-os a enfrentar com eles o corpo teimoso e as células que teimam em não renovar-se. Felizes os que entendem suas cadeiras de rodas, seu leito, suas bengalas ou seus passos trôpegos. Felizes os que sabem o que podem e o que não podem comer e beber. Feliz o ancião que não se exibe querendo parecer mais jovem do que é. Já basta o "mico" pago pelo seu primo de 79 anos que tentou dançar como se tivesse trinta e rodopiou para cair no meio do salão. Velho vai devagar e sempre... Cuida do chão onde pisa. Sobe com cuidado e desce com cuidado ainda maior.

Nada de trágico, nada de cômico demais, nada de assustador. Um ser humano de 280 estações achou seu lugar no mundo e na vida, foi passando, viveu pelos outros e para os outros, mas agora precisa perguntar duas vezes até ouvir direito, pede ajuda de um braço para levantar-se, deixa os filhos e amigos de prontidão porque alguma parte do seu corpo teima em apitar como panela de pressão.

***

Velhice graciosa. Graciosa foi a atitude da Dona Cilene, 84 anos, quando três órgãos de seu corpo começaram a falhar. Avisou que estava indo para o hospital e dali se dividiria em duas: a alma iria para o céu e o corpo para a cova. Para animá-la, disseram-lhe que viveria até cem anos. Ela sorriu serena e perguntou para quê... Vivera uma vida boa e queria chegar lúcida à eternidade. Se estivesse esbanjando saúde, talvez fosse bom prosseguir, mas tendo que entrar e sair do hospital semana após semana seria pesado para os filhos, para o hospital e para o Governo. Brigara pelo direito de viver e agora brigava pelo direito de morrer serena e com dignidade. Não envelheceu sedada, mas agora queria morrer sedada e sem dor. E se pudessem sedá-la para morrer em casa, aceitaria, desde que não custasse muito caro. Pediu desculpas pelo trabalho que lhes daria, mas o derrame era irreversível. E concluiu com aquela boca retorcida pelo acidente: "Derramei! Agora, me ajuntem e me ponham no pires que me levará para o outro lado da vida. Vivo tonta aqui, mas não quero chegar tonta e sem lucidez diante de Deus".

Morreu vinte dias depois, lúcida e sem susto! Envelhecera sabendo que envelheceria. E daí? Iria conhecer Deus antes de todos daquela casa! O céu não seria muito diferente. Continuaria orando por eles e amando a carne da sua carne. Não iriam se livrar dela para sempre porque, um dia, todos se veriam lá para onde ela ia primeiro! Na missa, quando a neta contou o episódio, a igreja inteira riu. A prima de 87 anos saiu da missa dizendo que, quando fosse a vez dela, queria uma despedida como aquela. Afinal, ela também estava indo sem susto!...

É por aí! Pessoas que acharam a porta de entrada do seu aqui, em geral, também acham a porta de entrada do seu depois. A chave costuma ser a mesma!

86. Tenho dito que estou morrendo

Envelheci. Tenho avisado aos meus amigos e familiares, e pelo rádio e pela televisão, que estou me preparando para a morte. Eles reagem chamando-me de deprimido e pessimista. Pelo que eu saiba, de deprimido não tenho nada, não estou gravemente doente, mas tenho, enquanto escrevo, 70 anos, e, no Brasil, as pessoas costumam ir de repente, depois dos 69, posto que a idade mediana do brasileiro varia entre os 63 e 73. Depois disso, poucos sobrevivem com dignidade e com suficiente saúde.

Considerando, pois, a maneira de viver e de se alimentar da maioria dos brasileiros, dos quais me honro de fazer parte, apesar de algumas frustrações com os rumos da nossa política, mesmo sem ter me envolvido com cigarro, bebida ou qualquer tóxico, sou candidato a ir antes dos 80. Tendo vivido uma vida muito exigente e agitada, daqui pra cá e de lá pra cá, sem conhecer descanso, fico imaginando que tenho talvez quatro, cinco ou no máximo dez anos de vida. E é por isso que aviso que estou me despedindo e me preparando para morrer, e com os olhos fixos no depois da grande catequese que é a vida humana.

Nada trágico. Quem disser que isso é trágico, dirá uma hipérbole. Não acho nada trágico pensar no berço, na vida atribulada, na cruz e na ressurreição de Jesus. Não foi uma vida trágica. Não acho nada trágico que, no meio de uma vida longa, apareça, aqui ou acolá, uma cruz. E não acho que morrer seja trágico. Nem penso que seja tétrico pensar na morte. Se a morte imaginada for tétrica, então o pensamento é tétrico, mas se for vislumbre de morte serena, então o pensamento é sereno. Um dia todos nós cruzaremos o portal. Por que, então, evitar o verbo ir que é consequência lógica do verbo vir? Viemos, vivemos e iremos.

Catequese do morrer. Meus amigos já estão acostumados com meus avisos. Falo com a maior tranquilidade da velhice que está chegando e espero ter a mesma paz diante da morte. Meus pais a tiveram e muitos amigos meus a viveram. Alguns morreram sem nenhum sinal de enfermidade. Veio a visita do céu e eles foram. Outros sofreram um pouco mais à espera do último dia. Mas medito e vejo que falta a muitos de nós a catequese do morrer. Entre os cristãos, são privilegiados os católicos que todos os dias dizem à mãe de Jesus: "Rogai por nós, pecadores, agora e na hora de nossa morte". É para ser mística, mais do que simples frase decorada!

Diariamente um imenso número de católicos pensa na morte. Eles pedem ajuda para viver bem o resto de vida que terão. E ao soar da hora final, esperam morrer bem acompanhados, porque disso Maria entendeu; ela estava no berço, no cotidiano e ao pé da cruz do filho. Ninguém melhor do que Maria para interceder por nós agora e na hora da nossa morte. Ninguém melhor do que um católico para dizer "Amém".

Não temos medo nem da vida nem da morte. Se formos católicos devidamente evangelizados, é isso que acontecerá. Morreremos sabendo que íamos e crendo não num "para onde" e sim num "para quem". E isso faz enorme diferença! Sei de mais de cem pessoas que se tornaram católicas por causa da nossa mística do morrer em Cristo e não ter que esperar a última trombeta. Cristãos escolhem os textos que mais servem à sua Igreja. Se há quem aposte que o céu espera por conta de alguns versículos, há quem aposte que o Cristo que ressuscitou na mesma hora três pessoas em vida pode levar na mesma hora para o céu. Textos há em favor das duas teses...

87. Saber ser semeado

Disse o doutor ao paciente jovem: "Suas células não reagem, você tem poucos anos de vida. Se tomar os remédios e os alimentos com regularidade, poderá prolongá-la". Chocado com a franqueza do médico, o rapaz me disse que aquilo arrasara com ele. Pedi desculpas pelo médico, que falou a verdade mas, talvez, sem a devida delicadeza. Afiancei com o sorriso nos lábios: "Eu talvez viva menos do que você, estou perto dos 70 anos e, no Brasil, morre-se ao 73. Feliz de quem chega aos 79, 80 ou 90, ou infeliz, a depender de como chega". Então ele disse: "Eu também estou preparado para viver uns poucos anos mais, e é possível que eu vá antes de você".

A frase é atribuída a Jesus: "Se o grão de trigo não morrer, não vai produzir outros grãos" (Jo 12,24). Essa é a filosofia e a teologia de um cristão; viver como quem sabe que vai morrer, embora não saiba quando, e ao morrer, morrer como quem soube viver sem apegos excessivos e sem excessivos desapegos.

Enfim, espera-se de quem pratica a alter-ajuda que seja um ser humano que se importou um pouco consigo, mas muito mais com os outros. Se isso não for santidade, então eu não sei o que é santidade, por que isto só acontece com quem acredita que existe um dono da vida e um dono da morte.

88. A última estação

Vinte e cinco anos de vida, doente de câncer, Glenda relembrava todas as estações de sua via-sacra, e concluiu: "Cheguei à última! Daqui não passo!". Estava desanimada de tanta visita aos médicos e tantos adiamentos e contradições. Começou a pensar em morte. Seria melhor, segundo ela.

Falei-lhe de uma peça que vi nos meus tempos de estudante de teologia. Tinha cinco atos. Chamava-se "O Quinto Ato". O primeiro ato durou oito minutos, o segundo, catorze, o terceiro, dez, e o quarto, outros dez. Imaginávamos que a peça terminaria em mais quinze minutos, perfazendo menos de uma hora. Mas o último ato foi o mais longo. Durou uma hora e meia e a cada momento ficava mais intrigante. O que poderia ser o desfecho rápido, foi só alegria e riso. A tragédia acabara no quarto ato e o último foi um riso depois do outro. Contei-a em detalhes, para que Glenda tivesse tempo de pensar na sua própria vida.

Pensou e riu com dificuldade, mas havia brilho nos olhos.

"Está me dizendo que viverei muitos anos e eles serão felizes?", perguntou. Respondi que lhe desejava exatamente isso e voltei a insistir que, às vezes, o que pensamos ser um trágico desfecho pode ser como aquele último ato da peça que vi: longo e feliz; até porque, sem esperança a vida perde seus matizes!

89. Somos eviternos

Apenas uma vida. Fui chamado de estúpido e incapaz de ver os fatos por um senhor que aposta na volta de quem foi. Sua lógica é a de segunda ou décima chance. Não admitiu a minha, que aponta apenas para uma vida e para a misericórdia de quem nos criou. Não nascemos perfeitos, não morreremos perfeitos e o Ser perfeito que nos criou saberá o que fazer com sua criação que volta imperfeita para o seu colo.

***

Eviternos. Sou dos que, com Paulo, dizem que somos eviternos. Não existíamos e, um dia, tivemos um começo. Um espermatozoide e um óvulo deram início à nossa jornada. Zigoto e embrião, já éramos filhos do céu e de um casal. Deus e aquele casal nos queriam vivos. Através das substâncias deste casal viemos daquele que sempre existiu e não haverá segunda chance de viver aqui. Vive-se uma só vida. Depois da morte vem o julgamento e iremos para nosso destino final. Não há retorno (Hb 9,27). Isto o dizemos nós. Não é o que dizem outros irmãos de outros caminhos; grande número deles, pessoas íntegras e serenas. Aceitam outra explicação para o aqui e o depois.

Complicadores. Se quisermos complicar este mistério, mais do que já é complicado, ouçamos o irônico Santo Irineu, citado no livro *História da Teologia Cristã*, do culto escritor batista Roger Olson. No seu livro *Contra heresias*, Irineu, a quem nós católicos consideramos santo, porque viveu em Deus, o totalmente santo, há um texto digno de nota.

> Irineu cita um pregador famoso da época, Valentino, um gnóstico que gostava de falar difícil. Valentino criava termos que só ele entendia: Díada (um ser de duplo

aspecto); Arreto (inefável); Pater, Aleteia, Tétrade, Logos, Zoé, Ántropos, Eclésia. Tudo isso constituía a Ogdoade básica... Mas existiu e existe um Proarché, que está além da compreensão e que se chama Monotés (união). O Monotés tem um poder que se chama Henotés... Monotés, Henotés, Monas e Hen produziram os demais membros do Éon.

Irineu, então, faz paródia dessa demonstração de altíssima filosofia, dizendo que existe um poder que se chama *Abóbora*, e junto dela outro poder que se chama *Vazio Total*, que produziu uma fruta que, na linguagem das frutas, se chama *Pepino*. Mas junto a este *Pepino* há um poder que se chama *Melão*. E então *Abóbora, Vazio Total, Pepino e Melão* produziram o restante de melões delirantes chamados Valentino...

Não são poucos os modernos Valentinos a complicar para não ter que explicar a vida e seus sentidos.

O que dizemos é que a vida tem aqui o seu lado terreno e, depois dela, parte-se para o lado eterno. Não seremos nunca outra pessoa. Somos eviternos porque tivemos começo, mas não teremos fim. Em resumo: começamos, mas jamais cairemos no aniquilamento. Viveremos eternamente.

Se nem tudo deu certo conosco, temos um salvador misericordioso (Hb 2,1; 8,12; Tg 5,11) que estará por nós, posto que é justo juiz (2Tm 4,8), que fez ascese e veio até nós, movido de grande compaixão (Mt 20,34). Veio nos elevar e elevou quem se deixou puxar para as suas alturas. "Deus é riquíssimo em misericórdia, pelo muito amor com que nos amou" (Ef 2,4).

Viver consciente é saber que caminhamos para a morte, porque a vida terá que passar por este túnel. Então, é melhor encará-lo. Não há outro caminho. A Igreja o ilumina com as luzes da fé. Por isso, ele não é tão escuro. Só o será se faltar esta luz.

90. Prontos para o céu

O leitor, se viveu décadas, terá visto o que eu vi. Muitos jovens também já viram. Não se fica indiferente. A cada morte é mais um ser humano que se despede para sempre deste mundo. Nós, católicos, cremos que a ressurreição aqui foi para poucos. Não cremos em reencarnação. Assim, para a quase totalidade, morre-se uma vez. Depois vem a eternidade. Acompanhei a morte de vários amigos e amigas, anciãos, adultos, jovens, sacerdotes, religiosos, de minha mãe e minha irmã. Pude conversar com todos, antes do seu *gran finale*. Na quase totalidade, percebi que estavam preparados para abrir a cortina da eternidade. Não havia medo neles. Aceitaram submissamente os tratamentos que os médicos ofereciam, mais para amenizar do que para curar. Entenderam num determinado momento da enfermidade que não haveria recuperação e decidiram entregar-se ao dono da vida.

Despedidas. Presenciei estas despedidas em crianças, adolescentes, jovens, adultos e anciãos, religiosos, homens e mulheres igualmente. O último a cuja morte assisti era um sacerdote jovem. Um dia antes, olhou-me fixamente e me disse que estava indo tranquilo. No céu, oraria muito pela Igreja e pelos que ficaram, porque, da parte dele, a batalha estava concluída. A leucemia vencera. Só lhe restava, como São Paulo, esperar a coroa, porque havia combatido o bom combate.

Brincamos. Ele sorriu no meio das dores e disse: "Achei que seria mais difícil, mas meu corpo se adaptou ao sofrimento. Para mim o último suspiro vai ser uma libertação". Pedi a ele que falasse de mim lá no céu. Garantiu que o faria. "Acredito na intercessão dos santos daqui e de lá. Você também reze por mim, caso do lado de lá haja alguma expiação além do que já expiei por aqui...", disse ele.

Todas as igrejas. Conversei com pessoas de outras religiões. No momento do morrer, dei a bênção final. As pessoas de vida santa, sobre as quais eu não tinha a menor dúvida, estavam indo para o céu. Mas o conceito de céu mudou muito em mim a partir das mortes que assisti. *Era a catequese do morrer, concluindo a catequese do viver, porque uma não é oposta da outra.*

***

Quando a gente sabe que está indo e vai estar bem na outra terra, a despedida dói muito menos. Quando não se sabe aonde se vai e porque se vai, dói muito mais. Sem um porque exclamativo e outro interrogativo, tanto a vida como a morte perdem o significado! Este tempo de quaresma e páscoa devem nos ajudar a questionar estes dogmas. Cremos ou não cremos que somos mais do que este corpo? Se somos cristãos, devemos esta resposta a nós mesmos.

Muitos túneis. A vida tem muitos túneis e muitas escuridões, mas o seu grande túnel chama-se morte. Precisamos nos conscientizar de que isto aqui é passagem; mais dia menos dia vai chegar a nossa vez. Quem não tiver recebido essa catequese, talvez tenha a maior dificuldade de se despedir. Esquece que foi apenas mais um entre os bilhões que já viveram por aqui e que agora será um entre estes bilhões que continuam vivendo por lá.

Não é onde, é em quem. Até o ateu vai para Ele. E certamente será perdoado pelas conclusões a que chegou. O crente que puxou milhares ou milhões terá que dizer: "Opa, descrevi algo que eu não sabia como era. Não é como eu disse aos fiéis que me ouviam!". O ateu terá que dizer: "Minha lógica me traiu. Então a vida continua e o dono dela existe!".

Quando a gente sabe que está indo e vai estar bem na outra terra, a despedida dói muito menos. Quando não se sabe aonde se vai e porque se vai, dói muito mais. Sem um porque exclamativo e outro interrogativo tanto a vida como a morte perdem o significado!

91. Se não quiserem ouvi-lo

Aja e fale. É fundamental para quem deseja anunciar ao mundo a existência de Deus ou, no mínimo, a ideia de Deus, que aja e fale. Não importa se as pessoas não acreditam em Deus ou se não o procuram como eu: direito delas, direito meu! Não importa se elas não se interessam pela minha procura por Deus; eu me interesso até pela sua negação! Sei que muitas pessoas esperavam de mim mais do que dei, e que se decepcionaram comigo porque não lhes dei o que esperavam que eu desse.

Faça o que puder. Não fiz por elas e por seus parentes o que esperavam que eu fizesse. Admito que muitas vezes estive aquém do projeto futuro dessas pessoas e do meu próprio projeto futuro. Incoerente que sou, se bem me lembro, desde meus anos de jovem tenho tentado conjugar os verbos seguidos ou precedidos de outros sujeitos e de outros tempos. Passado e futuro dão sentido ao meu presente. É que os humanos vieram, vão e irão!

Acredito num depois. Depois de mim vem gente; virão outros bilhões. Meu corpo descerá ao túmulo, mas eu não. Espero ter ido para a eternidade, quando o corpo descer naquele caixão. Como eu creio que Deus existe, espero ir conhecê-lo com clara visão e sem as penumbras de agora (1Cor 13,12). Lá, conhecerei as muitas dimensões do Cristo em quem acreditei (Ef 3,18). Em outras palavras, *creio que sobreviverei, mas gostaria de sobreviver tendo sabido viver.*

Aconselho a todos que ainda não leram Joseph Ratzinger, Thomas Merton e Martin Buber que os leiam. São melhores de se ler do que de se valer de apenas algumas citações. Apontam para os outros e para um depois, não sem antes apontar para o hoje e para o ontem. Quanto a mim, não prego certezas nem garantias; nunca convidei alguém para vir a uma sessão de curas e milagres, porque não sei se Deus os fará. Considero-me um esperançoso!

92. Primeiros, porque últimos!

Somos mensageiros. Não há quem não tenha uma palavra e um púlpito. Mais dia, menos dia, o que dizemos ou damos a entender se faz mensagem. Mais dia, menos dia, alguém quererá ouvir de nós, não de outros, a palavra que lhe faria bem. Naquele dia, podemos até indicar alguém mais culto e mais versado no assunto, mas não há como escapar à responsabilidade de emitir a nossa opinião.

Sacerdotes, médicos, políticos, vendedores, sorveteiros, padeiros, não importa quem somos, se alguém espera nossa palavra, somos um entre bilhões que poderiam falar, mas a palavra esperada é a nossa, e não a de outro.

Por entre abraços. Nossos pais nos geraram por entre olhares, abraços, ternuras e palavras libertadoras. O que eles se disseram determinou se queriam a vida a dois da qual nasceu a nossa. Também é verdade que milhões de casais começaram seu divórcio com palavras e mensagens carregadas de fel. Mas somos frutos de mensagens.

Nascemos e crescemos por entre ações e reações. A última reação será a da morte, depois de milhões de pequenas e grandes reações. Ser pessoa é isto: reagir conscientemente a pessoas, fatos e acontecimentos. É emitir e acolher mensagens. É saber que não somos os únicos, mas que, de certa forma, para alguém e para milhares de pessoas fazemos a diferença.

Gregários. Se soubermos administrar nossos encontros, nosso isolamento, nossa solidão e nosso gregarismo, cresceremos. A escolha de crer ou não crer é nossa. Podemos crescer na direção da morte ou da vida. Se entendermos que existe um antes e um depois, nossa aventura é viagem que teve começo e não terá fim; apenas baldearemos...

***

Naquele dia de baldear, descobriremos que, afinal, não éramos uns quaisquer entre bilhões. Alguém que nunca ninguém viu neste mundo nos quis aqui e nos quer do lado de lá do existir. Viemos dele e para ele voltaremos. Enquanto isso não acontece, já é graça sabermos ser um entre bilhões, nem que na maioria das vezes não sejamos primeiros.

Só é vitorioso aquele que nunca buscou o primeiro lugar e, quando por circunstâncias da vida se viu naquele posto, fez de tudo para partilhá-lo com outros. Comungo da ideia daquele monge que disse que o inferno está cheio de humanos que fizeram de tudo para ser mais do que os outros e o céu está repleto de pessoas que descobriram a graça de ganhar e de perder. Não deixa de ser um excelente projeto de vida!

93. Por uma paz que seja paz

Cultura da paz. Falemos da cultura da paz. O prédio de vidro fumê, majestoso e monumental, foi inaugurado com pompa inaudita. Três anos depois foi fechado para reformas, mas as reformas não deram certo. Acabou esvaziado e implodido. O presidente se demitiu. A construtora e o engenheiro foram processados. O prédio fora construído às pressas, as fundações, mal calculadas, e não houve como trabalhar ou morar num edifício que não oferecia segurança.

Deixo-vos a paz. Quando li a notícia, pensei no texto de João: "Deixo-vos a paz, a minha paz vos dou; não vo-la dou como o mundo a dá. Que vosso coração não se perturbe, nem se atemorize" (Jo 14,27). E vieram-me à mente outras passagens de construção da verdadeira paz que habitualmente leio nos evangelhos. Antes que cordeiro e lobo aprendam a beber das mesmas águas (Lc 10,3; Is 11,6), será preciso inaugurar um Reino no qual não há disputas por primeiros lugares (Mc 10,31; Mt 20,16), onde os líderes servem com humildade a ponto de lavar os pés dos seus liderados (Jo 13,14), no qual ninguém foge da cruz (Mt 16,24), mas também não a procura (Mt 6,34).

***

Paz que muda o mundo. Jesus propõe que, para que a paz que ele propõe se estabeleça, nosso eu se adapte à realidade de um mundo que precisa ser mudado pela solidariedade. Vai conquistar o Reino quem descrucificar os crucificados pela dor ou pelas injustiças do mundo (Mt 25,31-46). Um simples copo de água dado com amor pode fazer a diferença na construção da paz.

> E qualquer que tiver dado ainda que seja um mero copo de água fria a um destes pequenos, em nome de discípulo,

em verdade vos digo que de modo algum perderá o seu galardão (Mt 10,42).

Paz difícil de erguer. Embora 99 em cada 100 pessoas queiram a paz, a grande maioria não sabe como plantar, cultivar e colher a paz, porque sempre haverá inimigos a semear o joio no meio do trigo (Mt 13,25-30). A paz do mundo se revela sempre instável, porque uma coisa é querer a paz e outra é torná-la possível. Em lugares desérticos, quem quer frutos e flores precisa aprender a armazenar as águas de chuva. Se depender da que cai do céu, o agricultor passará fome. Se dependermos da paz que vem do céu quando precisamos, e não da paz armazenada, não sobreviveremos. Paz é como chuva em regiões áridas. Há que haver diques, açudes, reservatórios para os tempos de seca. Deus dá a paz, mas quem não a armazena sofrerá sua falta. O tempo de Deus não é o nosso, mas podemos adequar nosso tempo ao tempo de Deus. A paz de Deus não é a nossa, mas podemos adequar nossa paz à paz de Deus.

***

Paz que é conquista. Era disso que Jesus falava, quando em Mateus 16,26 provocou seus ouvintes. De que adianta conquistar o mundo inteiro se uma pessoa não consegue ser dona de seus sentimentos e impulsos? Se sabe ganhar dinheiro, mas não sabe conviver? Se sabe o que quer, mas não se importa com o que os outros querem (Mt 11,25; 18,6-14)? Segundo Jesus, seremos julgados pelo que fizemos ou deixamos de fazer pelos apequenados e feridos pela vida. O que não tivermos feito por eles, não teremos feito pelo céu e o que tivermos feito contra eles teremos feito contra Deus... (Mt 25,40-45).

***

Não há paz pela metade. Ou a árvore é boa e promete frutos que aparecem no devido tempo ou não merece o nome que lhe dão. Ou é paz ou não é. Pelo grau de violência de governos, partidos, ditaduras; pela competição feroz por hegemonias; pela visível luta por mais adeptos e por primeiros lugares; pelo "puxar de tapete" na sociedade que construímos; pelas mentiras da mídia ou do marketing e até mesmo dos púlpitos; pelos falsos milagres, falsas curas, falsas promessas, falsas visões ou revelações; pela luta feroz por mais dinheiro, mais influência e mais poder, fica evidente que não se trata de paz.

***

Competição. Onde alguém pretende suplantar alguém; onde alguém quer o lugar de alguém; onde se mente e se ressaltam os pecados do outro e se escondem os do nosso lado; onde o pecado alheio vira manchete e o nosso é cuidadosamente escondido; onde se chama de vitória o que é prepotência; onde nós podemos falar, mas o outro é amordaçado; onde só é permitido elogiar e concordar e fica terminantemente proibido discordar, naquele país ou naquela igreja a paz ainda não aconteceu.

Na família onde ninguém pode ter opinião diferente, onde se levanta a voz com raiva porque o outro não fez o que queríamos, onde se engana pai e mãe e filhos, onde as coisas não são conversadas com amor e paciência, a paz ainda não aconteceu. Ainda não é a paz que Jesus propõe.

***

Dar a vida pela paz. Paz é a daquele que morre pelos outros, mas não mata nem mente por suas ideias políticas, nem por dinheiro, nem por sua fé. Paz é a daqueles que não se corrompem nem corrompem. Corrupto, além de não ter a verdadeira paz, tira a paz de milhões de pobres e pequenos, porque o dinheiro a eles destinado está num banco no exterior em nome da família do corrupto.

Paz é a de quem porta o DNA da solidariedade. Se tem, reparte, se pode, ajuda, se vê alguém ferido, faz alguma coisa por ele.

Paz é a daquele que, mesmo não crendo em Deus, por amar os outros e respeitá-los, faz o que os crentes dizem que Deus deseja. Paz é daquele que, crendo que Deus existe, age como quem crê que ele vê o que fazemos pelos que ele ama.

***

É por isso que os católicos começam suas missas dominicais cantando para o brilho de Deus, que os hebreus chamavam de *kvod*, "glória". No hino ao Deus que ilumina seu povo os católicos exaltam a luz de Deus que está difundida pelo universo, nas alturas, e aqui se manifesta toda vez que alguém mostra gentileza e boa vontade no trato com os outros. *Glória a Deus nas alturas e paz na terra aos homens por ele amados, aos humanos de boa vontade!* A nova versão "Humanos que ele ama" ou "Por ele amados" não elimina a versão antiga "humanos 'de boa vontade'".

Reino de paz. O reino dos céus é um reino de paz e repousa na vontade de Deus e na boa vontade dos que a procuram. A boa vontade humana se encaixa na vontade de Deus. Não basta orar e falar bonito. Há que se viver em busca do melhor e da vontade de Deus.

> "Nem todo o que me diz: Senhor, Senhor! entrará no reino dos céus, mas aquele que faz a vontade de meu Pai, que está nos céus" (Mt 7, 21).
> "Venha o teu reino, seja feita a tua vontade, assim na terra como no céu" (Mt 6,10).
> "Qualquer um (não apenas os da nossa igreja) que fizer a vontade de meu Pai que está nos céus, este é meu irmão, e irmã e mãe" (Mt 12,50).
> "Assim, também, não é vontade de vosso Pai, que está nos céus, que um destes pequeninos se perca" (Mts 18,14).
> "E, indo segunda vez, orou, dizendo: 'Pai meu, se este cálice não pode passar de mim sem eu o beber, faça-se a tua vontade'" (Mt 26,42).

***

Os crentes e a paz. O que seria então, para um crente, a cultura da paz? Boa vontade; adequação da nossa vontade ao que cremos ser vontade de Deus; certeza de que a vontade de Deus é estabelecer a justiça; é levar o mundo ao diálogo; é o combate a toda forma de dominação ou violência; é o cuidado especial para com os mais desprotegidos.

A cultura da paz é o zelo pelas crianças e pelos enfermos ou carentes, é a coragem de anunciar e denunciar, de falar em defesa de quem não sabe se defender, é a firme defesa da vida em todos os seus estágios...

A cultura da paz é a partilha dos bens, a consciência de que se alguém pode e tem mais precisa ajudar quem pode e tem menos; a humildade de não querer os primeiros lugares; a maturidade de saber perder sem ressentimentos e de saber vencer sem prepotência

A cultura da paz é a busca sincera da verdade, o respeito por quem pensa ou é diferente, a coragem de lutar pela coletividade e de renunciar a vaidades e projetos pessoais quando nosso povo não tem o mínimo necessário.

A cultura da paz é a descoberta do meu/meu e do teu/teu até se chegar ao polinômio meu/teu teu/teu.[1] É o desprendimento e a descoberta do bastante. É saber quando nossa conta no banco caiu no supérfluo e quando acumulamos mais do que precisaríamos para viver.

A verdade é que onde, pela porta dos fundos de nossa alma entram a vaidade, o orgulho, o desejo de ser primeiro, o acúmulo de bens, o luxo, o consumismo, o desespero pelos lugares de honra e pelos aplausos, pela porta de frente a paz vai embora. Ela não sabe conviver com tamanhos desvios de caráter.

***

---

[1] Reflexão atribuída ao rabino Hillel há cerca de 2 mil anos.

Vida em abundância porque suficiente. Foi sabendo disso que Jesus propôs vida suficiente frugal aos seus discípulos e mostrou pena dos gananciosos (Lc 6,24). Em toda a extensão do capítulo 23 de Mateus Jesus revela quem não tem e quem tem a cultura da paz. E faz uma sequência de *"ai de vós"* alertando os criadores de confusão e os que navegam no egocentrismo, às vezes até com o nome de Deus nos lábios. O que os espera é tudo, menos a felicidade. Morrerão vítimas dos seus excessos (Jo 8,21). Chamou de sepulcros caiados os falsos pregadores da paz que por fora parecem piedosos e cheios de palavras lindas, mas por dentro carregam podridão (Mt 23,29).

A severidade de Jesus é contra os que levam a paz nos lábios, mas não no coração. Pelo que fazem mostram que seu objetivo não é a alteridade, então não querem a paz.

"Este povo se aproxima de mim com a sua boca e me honra com os seus lábios, mas o seu coração está longe de mim" (Mt 15,8).

***

O maior libelo contra a falsa paz está na colocação inicial de Mateus 23:

> Então falou Jesus à multidão, e aos seus discípulos, dizendo: "Na cadeira de Moisés estão assentados os escribas e fariseus. Todas as coisas, pois, que vos disserem que observeis, observai-as e fazei-as; mas não procedais em conformidade com as suas obras, porque dizem e não fazem; pois atam fardos pesados e difíceis de suportar, e os põem aos ombros dos homens; eles, porém, nem com o dedo querem movê-los; e fazem todas as obras a fim de serem vistos pelos homens; pois trazem largos filactérios, e alargam as franjas das suas vestes, e amam os primeiros lugares nas ceias e as primeiras cadeiras nas sinagogas, e as saudações nas praças, e o serem chamados pelos homens; Rabi, Rabi".

Os novos pregadores da paz. Vejamos os pregadores da paz, como moram, como se vestem, que bens possuem, quanto cobram, onde aplicam seus bens, se ostentam riqueza, se são simples e acolhedores, se precisam de muitas coisas para viver, se sabem do que falam, se aprofundam seus estudos, se partilham, se aceitam conselhos e correções, se sabem conviver, se admitem que precisam se converter, se andam com guarda-costas e por quê; se querem ser vistos e por quê, se usam do marketing e como usam e se disputam ou não disputam os primeiros lugares, que ambientes frequentam e por quê...

***

Tudo isso tem a ver com a cultura da paz e com um mundo onde se é um entre bilhões... O pensamento é de Jesus: "Se o que buscavam era o aplauso do mundo, conseguiram. Tocaram trombeta para anunciar sua chegada, usaram de vestes chamativas, exibiram-se, jejuaram nas esquinas, fizeram seu marketing e milhões de pessoas os viram e elogiaram" (cf. Mt 6,2-16). E depois? Esperam o quê da parte de Deus?

Mercadores da paz. Para quem buscou tirar proveito da paz que semeou, ele diz que está reservado um castigo maior (Mc 12,40; Lc 20,47). Se a pretexto de orar e dar paz encheram seus cofres de bens, o céu lhes cobrará caro. Pensaram demais em si e quiseram uma porcentagem daquela paz em bens materiais...

A cultura da paz supõe desapego a dinheiro, a confortos excessivos, a amigos, a lugares, a fama, a elogios e ao sucesso. Supõe que, ao fim da jornada, após cada elogio, o promotor da paz possa dizer: "Sou um servo como qualquer outro... Não fiz nada além da minha obrigação" (Lc 17,10).

Vitória do indivíduo. Numa sociedade que canonizou o indivíduo de sucesso e que vê suas fotos e seu rosto espalhado por todos os cantos, é bom lembrar, ao menos aos religiosos, o que Jesus propôs aos carregadores de cruz e aos construtores da paz. Em palavras de hoje ele diria: "Desçam do palco e saiam da liteira. Deixem isso para quando forem idosos e não conseguirem mais caminhar. Agora, vão lá e misturem-se ao povo. Sejam simples e, se agora de fato são os primeiros, aprendam a curvar-se e a lavar os pés dos outros e não apenas na Quinta-Feira Santa, com câmeras ao redor"...

O desafio está lançado, para mim e para qualquer pregador da paz, que de vez em quando precisa enfrentar microfones e holofotes... Temos este vislumbre ou ainda somos da ala dos deslumbrados no carnaval da vida? Iluminados ou deslumbrados? Que o povo nos julgue, porque Deus já sabe o que temos buscado!

Bibliografia

AMORIM, Carlos. *Assalto ao poder*: o crime organizado. Rio de Janeiro: Record, 2010.
ARMSTRONG, Karen. *Uma história de Deus*: quatro milênios de busca do judaísmo, cristianismo e islamismo. São Paulo: Companhia das Letras, 1998.
ATTALI, Jacques. *Os judeus, o dinheiro e o mundo*. São Paulo: E. Futura, 2002.
BAUDRILLARD, Jean. *Simulacros e simulações*. Lisboa: Relógio D'Água, 1991.
BAUMAN, Zygmunt. *Ética é possível num mundo de consumidores?* Rio de Janeiro: Jorge Zahar, 2011.
_____. *Vida para consumo*. Rio de Janeiro: Jorge Zahar, 2008.
_____. *Vida líquida*. Rio de Janeiro: Jorge Zahar, 2007.
BENTO XVI. *Luce del mondo*. Il Papa, la Chiesa e i segni dei tempi. Una conversazione con Peter Seewald. Roma: Libreria Editrice Vaticana, 2010. [Ed. bras.: *Luz do mundo: O Papa, a Igreja e os sinais dos tempos*. São Paulo: Paulinas, 2011.]
BUBER, Martin. *Eu e tu*. São Paulo: Cortez e Moraes, 1979.
CHESTERTON, G. K. *Ortodoxia*. Tradução de Almiro Pisetta. São Paulo: Mundo Cristão, 2008.
DOVER, K. J. *A homossexualidade na Grécia Antiga*. São Paulo: Nova Alexandria, 1994.
EHRMAN, Bart. *Quem Jesus foi?* Quem Jesus não foi? Rio de Janeiro: Ediouro, 2010.
JAEGER, Werner. *Paideia*: a formação do homem grego. São Paulo: Martins Fontes, 2001.
JUNG, Carl G. *O homem e seus símbolos*. Rio de Janeiro: Nova Fronteira, 2008.
HISTÓRIA das Religiões. Europa Collection, 3 DVDs.
MARCUSE, Herbert. *Eros e civilização*. Rio de Janeiro: Zahar, 1975.
MERTON, Thomas. *Paz na era pós-cristã*. Aparecida: Editora Santuário, 2007.
MORRIS, Charles; MAISTO, Albert A. *Introdução à Psicologia*. 6. ed. São Paulo: Prentice-Hall, 2004.
NIETZSCHE, F. *O Anticristo*. São Paulo: Escala, 2008.
NOLAN, Albert. *Jesus hoje*: uma espiritualidade de liberdade radical. São Paulo: Paulinas, 2008.

OLSON, Roger. *História da Teologia Cristã*. 2.000 anos de Tradição e Reforma. São Paulo: Vida, 2001.
RATZINGER, Joseph; MESSORI, Vittorio. *Rapporto Sulla Fede*. San Paolo: Cinisello Balsamo, 1998.
ROPS, Daniel. *A Igreja das revoluções*. São Paulo: Quadrante, 2003.
VALLS, J. Navarro. *A passo d'uomo*. Milano: Mondadori, 2009.

Sumário

Ser um entre bilhões

1. Os primeiros lugares 9
2. O último lugar (Mt 19,30) 14
3. Ser melhor e ser "o" melhor 15
4. Auto e alter-ajuda..18
5. O outro... 21
6. Ajudar-se para ajudar? 24
7. Autoestima e alta estima...28
8. Supervalorizar-se...30
9. Entre a auto e a alter-ajuda 31
10. A fé sem preço...33
11. Ateísmo e fé que ferem...36
12. Sete bilhões de não abortados 41
13. Um entre bilhões 47
14. Imagine John Lennon 51

Pessoas substantivas

15. Autoavaliar-se 57
16. "Era" porque nasci. "Sou" porque me tornei...................59
17. Viemos depois...60
18. Pessoa e lugar 63
19. Proposta irrealizável 65
20. Livre como um pássaro que não é livre.........................67
21. Ética, estética e ascese 68
22. DNA de alteridade 72
23. Ex-esboço..73

24. Esmagados pela vida 75
25. Arejar o coração 78
26. Pessoa de bom tamanho 80
27. Ousados e criticados 83
28. Recesso após o sucesso 87
29. Substantivados e adjetivados 90
30. Substantivos, substanciosos e substanciais 93
31. Autênticos e genuínos 96
32. As ferramentas do viver 99
33. Felizes e infelizes 100
34. Satisfeitos 103
35. Sentir-se amado 105
36. Milhões de perguntas 108
37. Espaçosos demais 111
38. Pessoas açambarcantes 113

Plenos de ascese

39. Sofrimentos inaceitáveis 117
40. Indivíduos predestinados 123
41. Plenos de ascese 125
42. Humanos e funcionais 127
43. Espiritualidade 130
44. Pessoa não noticiada 131
45. O próximo que se chama outra 132
46. Mulheres consagradas 135
47. Confessar-se, consumir e comunicar... 137

Inteligentemente amorosos

48. Sociedade permissiva 143
49. Televisão e permissividade 145

50. O sexo que desafia as Igrejas 147
51. Amar para além do corpo 164
52. Entre Eros e Ágape 167
53. A ditadura da estética 170
54. O leito santificado 173

Catequeses de alteridade

55. O outro nos livros sagrados 177
56. Descidas e resgates 182
57. Eu, tu, meu, teu 184
58. Meu eu, o eu dos outros, o meu e o não meu 186
59. Precisar de ajuda 189
60. Ceder de vez em quando 191
61. Urgentes e efêmeros 192
62. Grandes violências e grandes ausências 197
63. A síndrome do "comigo não" 199
64. Espiral de violência 200
65. Violência inexplicável 203
66. As raízes da violência 204
67. Tudo simples, tudo complicado 209
68. Cidadania na calçada 212
69. Quedas e escorregões 214
70. Crime de omissão 217
71. A era do indivíduo soberano 219
72. Doeu a civilização do "eu" 221
73. Geração ególatra 223
74. Desprovidos de sentimento 225
75. Pessoas explosivas 227
76. Pessoas indefinidas 228
77. Pessoas superficiais 230

78. Pessoas voluntariosas 231
79. O fim do compromisso 232
80. Gosto de você, mas não te assumo 234
81. Amar sem alegria 236
82. O valor da transitoriedade 240
83. Saber que morreremos 241
84. O lado de lá do existir 245
85. Envelheceremos 250
86. Tenho dito que estou morrendo 255
87. Saber ser semeado 257
88. A última estação 258
89. Somos eviternos 259
90. Prontos para o céu 261
91. Se não quiserem ouvi-lo 263
92. Primeiros, porque últimos! 264
93. Por uma paz que seja paz 266
Bibliografia 274

Impresso na gráfica da
Pia Sociedade Filhas de São Paulo
Via Raposo Tavares, km 19,145
05577-300 - São Paulo, SP - Brasil - 2013